Memórias de um gato

Dados Internacionais de Catalogação na Publicação (CIP)
(Câmara Brasileira do Livro, SP, Brasil)

Lisboa, Luiz Carlos, 1929 –
  Memórias de um gato / Luiz Carlos Lisboa. — São Paulo :
Summus, 2001.

  ISBN 85-87478-16-8

  1. Ficção autobiográfica brasileira 2. Muçá, Adriano,
século 19 – Biografia 3. Negros – Brasil – História I. Título.

01-5001   CDD-869.93

Índice para catálogo sistemático:
1. Romance autobiográfico : Literatura brasileira 869.93

Compre em lugar de fotocopiar.
Cada real que você dá por um livro recompensa seus autores
e os convida a produzir mais sobre o tema;
incentiva seus editores a encomendar, traduzir e publicar
outras obras sobre o assunto;
e paga aos livreiros por estocar e levar até você livros
para a sua informação e o seu conhecimento.
Cada real que você dá pela fotocópia não autorizada de um livro
financia um crime
e ajuda a matar a produção intelectual em todo o mundo.

Memórias de um gato

Luiz Carlos Lisboa

MEMÓRIAS DE UM GATO
Copyright © 2001 by Luiz Carlos Lisboa
Direitos reservados por Summus Editorial.

Capa: **Camila Mesquita**
Editoração eletrônica: **Set-up Time Artes Gráficas**

Departamento editorial
Rua Itapicuru, 613 – cj. 72
05006 – São Paulo – SP
Fone: (11) 3862-3530
Fax: (11) 3872-7476
http://www.selonegro.com.br
e-mail: selonegro@selonegro.com.br

Atendimento ao consumidor:
Summus Editorial
Fone (11) 3865-9890

Vendas por atacado:
Fone: (11) 3873-8638
Fax: (11) 3873-7085
e-mail: vendas@summus.com.br

Impresso no Brasil

A
Pedro Paulo Winkelmann de Araújo
(1930-1998)

Sumário

De como foi narrada esta história e o caminho que estes originais percorreram   9

1	A Revolta dos Malês	11
2	Entrando Pelo Sertão	29
3	No Quilombo de Dió	49
4	Notícias de Donana	65
5	Chegada a Malemba	79
6	Olufeme Outra Vez	95
7	Margeando o São Francisco	111
8	Conselho de Pai	127
9	Garimpo no Pombeba	143
10	O Quilombo de Querubim	159
11	Uma Cidade, Um Amigo	173
12	A Vida na Corte	191

De como foi narrada esta história e o caminho que estes originais percorreram

Não se sabe que caminhos percorreram esses originais até que fossem encontrados em Taubaté, no Vale do Paraíba, naquela mesma vila de onde havia saído o bandeirante que fundou Ouro Preto. O que se sabe é que foram achados em 1921, no seu cofre, pelo fazendeiro, vereador em sua cidade e marchante Francisco de Paula Oliveira, então residente na rua Barão da Pedra Negra, esquina da rua Quinze de Novembro, na mesma cidade, entre velhos papéis que pertenceram a seu pai. É provável que um neto de Adriano "Muçá", que consta ter plantado café e residido no Vale do Paraíba no começo do século xx, os tenha cedido a alguém para leitura ou vendido, ficando eles afinal esquecidos em alguma gaveta do escritório da fazenda do "Tira Chapéu", em Quiririm, município de Taubaté. O seu proprietário, Francisco de Paula Oliveira, conhecido na cidade como "Chico Donato", sem saber a quem entregá-los, deixou-os com seu advogado no Rio de Janeiro para que os devolvesse a quem tivesse direito legítimo de possuí-los.

Com a morte repentina do fazendeiro em 1927, os originais manuscritos foram devolvidos à viúva de Francisco de Paula

Oliveira em Taubaté, e novamente guardados no velho cofre do finado. Da coleção de cadernos toscamente datados, no entanto, quatro ou cinco foram perdidos, não se sabe quando ou como. Esses papéis antigos, cobertos por uma letra a princípio desigual, mas aos poucos educada, foram finalmente reencontrados e submetidos a um grande editor de São Paulo, que, se achar seu conteúdo de alguma interesse, talvez os publique na íntegra.

A Revolta dos Malês
1835

A cidade agora lembra a distância um corpo de mulher que se oferece. De pé na canoa olho a Cidade Baixa que se ajeita entre o mar e a escarpa, como tantas praias da Bahia que se apertam entre a floresta de coqueiros do litoral e a arrebentação do mar na areia branca. Aquelas no alto são as casas mais elevadas de Salvador, numa fileira estreita quase indivisível de onde estou, que corre em direção a Itapagipe. São longas ladeiras e vielas retorcidas que atravessam de viés a face da montanha, e um pouco adiante estão os conventos do Carmo e o de São Bento, pousados como abutres, sua sombra escura dominando as casas. Abaixo é a cidade do comércio e acima dela, lá no alto, fica a parte mais antiga desse lugar formoso como poucos, com as residências e as oficinas dos donos da terra, os portugueses brancos que há catorze anos e dois meses tomaram nas suas mãos o meu destino. Os sobrados de dois e três andares já parecem pequenas caixas de rapé, e no conjunto são como um presépio. Aperto os olhos para ver melhor a massa branca do palacete Machado, que repousa poucas braças além com suas janelas de madeira bordada que se abrem como grandes olhos para o oceano de Deus. Em linha reta, seguindo para o

Leste, com vinte dias de viagem está a pátria, a terra onde nasci e onde meu bisavô e meu pai morreram, o lugar de onde alguns do meu sangue foram arrancados e conduzidos como escravos, para um destino semelhante ao meu.

Salvador parece gigantesca, bem diante dos meus olhos, esse recanto do mundo que tem mais de África que de Brasil, com os sons e os cheiros do meu tempo de menino, mas ela é perdição e é também cristã, portanto adversária. Vejo apequenadas as pessoas que caminham pelo cais, e escuto vozes discutindo. O vento está mais fraco, mas vai levando o barco mansamente. À minha frente, até a Fortaleza do Mar, lá bem ao fundo, a luz alaranjada do céu vai ficando mais escura, quase roxa. Chego até a popa da canoa e me ajoelho meio de lado, enquanto a proa aponta o Leste. Lavo as mãos e a boca com a água do mar, depois molho o rosto e os pés, e deixo que a brisa enxugue as gotas que me escorrem pele abaixo. Dobro o corpo e encosto a cabeça na borda do barco, na hora do taslim. Tudo em volta está sereno, como estou por dentro, somente a embarcação se move lentamente. "A paz esteja conosco, assim como a misericórdia e a bênção de Deus."

Passado um tempo, levanto o braço e desvio um pouco a vela. O cais está mais próximo e já ouço o riso das mulheres que montaram seus tabuleiros defronte da Conceição. Há meninos pescando à minha esquerda no atracadouro, e enquanto observo sua preguiça de pescador vou virando o leme para acostar um pouco mais adiante, onde posso dar o nó na corda devagar, entre um saveiro e um barco pequenino de casco desbotado. Os aguadeiros e os ambulantes que vendem os luxos da Costa estão levantando seus tabuleiros, enquanto alguém repete como uma ladainha: "É abuxó, é azeite-de-dendê, é obi, é xoxó, é banha da melhó". O primeiro que reconheço no cais é Gerôncio, e me lembro de que sempre que nos vemos ele fala mal da comida de branco, que entope e mata o homem muito cedo. Agora, no quase escuro do poente, ele não me vê e segue seu caminho, a cabeça pendida sobre o peito. Vai para o ponto que tem perto do Hotel das Nações, onde oferece serviço e conversa. Para ele, os fulas são mais nobres que os brancos e nós somos ainda mais nobres entre eles porque somos os fulas puros do Futa Jalom.

Salto para a rampa de pedra, leve como um menino, e estico a corda com força, as botinas e o pacote de fumo na outra mão. Um vulto escuro e longo na extremidade do cais me faz uma saudação. É Terêncio Afer, escravo de gestos solenes e pensados que muita gente diz ter somado sabedoria enquanto sua cabeça encanecia, e que enxerga como eu no escuro, dizendo sempre de brincadeira que sou Muçá de verdade, gato porque vê de noite e gato porque tenho os bigodes do animal gravados a fogo na pele do rosto. Deixo o barco para trás e caminho até o parapeito de pedra, a fim de calçar as botinas. O vulto chega mais perto, enrolando uma corda e olhando cuidadoso em volta.

"Vamos buscar você na Vitória, de madrugada...", diz ele, sem levantar a cabeça. Enfio um pé na botina e estiro a perna, forçando sua entrada até o fundo. "É amanhã", respondo com firmeza, e me levanto. Ando sem olhar em volta, subo a ladeira ao lado da igreja, e já no alto empurro com o pé uma porta que está só encostada. No final da escada, um vulto de mulher brinca de esconder comigo, e meu coração se aquece porque sei quem me espera ali. Maria Adeluz senta-se no escuro comigo, e logo ela põe na pequena mesa uma jarra com caldo de laranja e outra com água de coco, além de uma cesta com os pães que vamos comer com pimenta, como é do nosso gosto e nossa preferência. Ela é nagô e não diz a ninguém que lê todos os dias o Corão. Usa no pescoço um amuleto que eu nunca soube o que representa. Ficamos ali, no silêncio do Beco da Promessa, tirando as roupas um do outro e dizendo as coisas que o amor nos faz dizer. Mas pouco tempo depois deixo seu corpo na cama e começo a me vestir. Maria Adeluz sabe por que saio mais cedo essa noite. Ela também se veste para me levar até a porta do quarto. Seu corpo ondulado, de grandes peitos e tundá firme, aparece na penumbra e me convida a ficar. Mas desço em silêncio, num arranco, e caminho sem parar até em casa. Pouco antes de dormir, a cabeça no travesseiro de paina, ainda estou vendo nas dobras da memória o rosto dela, e seus olhos revirando de gozo bem perto dos meus.

🐾🐾🐾🐾🐾🐾🐾🐾

Acordei com alguém me sacudindo pelos ombros, para me tirar do sono profundo em que estava mergulhado. Sentei na cama de um pulo e reconheci Vicente, escravo das freiras das Mercês, mas só entendi o que ele dizia pela metade. Pedi que repetisse devagar. A voz do negro era rouca, e seus olhos estavam vermelhos como se tivesse chorado. Tinha havido uma denúncia, e o levante fora antecipado na Ladeira da Praça. Por isso o pessoal do Clube da Barra tinha ido até o Convento das Mercês apelar aos escravos de lá para que aderissem, e muito aderiram sob o comando do fula Pedro. Agora era encontrar os homens da Ladeira da Praça na Mouraria. Enquanto ele falava eu me vestia e jogava uma capa sobre as costas, andando pela casa vazia dos Miller atrás das facas, do porrete, do arcabuz e da pólvora, e afinal guardando tudo em duas bolsas.

As estrelas brilhavam no céu de breu quando descemos, seis ou sete homens, pela estrada da Vitória até chegar ao muro alto dos fundos da casa do inglês Abraham, que ocupava um quarteirão inteiro da estrada. O nagô João, cozinheiro do inglês, estava à nossa espera, o cenho carregado e as mãos crispadas. Os pretos alforriados Jaime e Diogo haviam se reunido agora a um pequeno grupo que apareceu no portão, quase todos trajando branco e com as capas dos seus senhores, como a minha. Havia uma mulher com eles — Maria Adeluz, que eu deixara há pouco e entrara nos meus sonhos várias vezes naquela madrugada —, que cumprimentei com um aceno. Vinham também Diogo, James e Jamil, que conhecia há muitos anos porque havíamos trabalhado juntos no cais e nos revíamos nas reuniões do clube.

O mestre Tomás, capitão deles todos como se dizia então, com sua pequena barba branca em ponta destacando-se sobre a capa negra, foi me apresentando os demais: Belchior e Gaspar, evidentemente da nação tapa e organizadores do clube, e Mamolim, Ojou, Ivá e Manu, além de cinco outros nagôs e hauçás de quem não guardei o nome. Antônio, da nação Calabar mas de fala nagô, levantou-se de onde estava agachado para me cumprimentar. Era escravo do americano Signot, e dizia-se que juntava dinheiro para comprar sua liberdade. O comandante Pedro, gigante negro cujo senhor era o inglês Bender, estava lá também. Um dia no futuro eu ouviria contar que na devassa fora apurado ser plano dos rebelados tomar a terra dos brancos e matar os que encontrassem pelo caminho. Esse nunca foi o nosso plano. O projeto era matar, sim, quem se opusesse à nossa marcha até os navios atracados no cais, arregimentando toda a gente africana que pudesse, escrava ou alforriada, e que quisesse atravessar conosco o oceano de volta para a mãe África.

Fomos caminhando depressa, mas de leve para não acordar o bairro, e Tomás foi me contando o que havia acontecido nas últimas horas. Desde as dez da noite havia muitos homens reunidos na casa de moradia de Manuel Calafate, na loja da segunda casa da Ladeira da Praça; negros que não quiseram ir para suas casas com medo de não conseguirem sair de madrugada porque muitos dormitórios de escravos eram trancados por fora pelos senhores, temerosos de fugas durante a noite ou encontros indesejáveis com gente estranha. Sempre fora assim na mansão do Visconde de Pirajá. Seja porque tenham feito barulho ou porque houvera denúncias, por volta das onze e meia da noite duas patrulhas passaram por lá e conversaram com Domingos Martinho de Sá pela janela, pedindo autorização para dar uma olhada no interior da casa de onde vinha havia pouco um murmúrio de vozes. Domingos explicou nervosamente que houvera ali uma reunião para antecipar a quebra do jejum malê, que eles chamavam Idal-Fiter, mas ela já havia terminado. A longa explicação intercalada de suspiros parece ter levantado desconfiança no espírito dos soldados, que passaram a exigir a revista. De repente, uma porta da loja se abriu e de dentro partiu um tiro de bacamarte que prostrou morto o chefe da patrulha.

Soldados deram tiros para o interior da casa e de lá vieram disparando, como uma colméia enfurecida, cerca de sessenta negros armados de espadas, lanças, pistolas, espingardas e flechas, aos gritos de "mata soldado" e "mata maroto".

Tomás respirava fundo e mantinha o ritmo da caminhada mesmo quando a ladeira se tornava mais íngreme. Seguia contando que a primeira idéia dos rebelados que saíram da casa de Calafate, depois de matarem meia dúzia de fardados, foi a de correr para a cadeia da Ajuda a fim de soltar Pacífico Licutã, mas como voltassem a ver muitos soldados por aquelas bandas, mudaram de direção e foram para a Ladeira do Teatro. Vacilaram uma vez mais, pensando se deviam tentar a tomada do forte São Pedro, mas desistiram novamente. Conferiram os homens e as armas e mandaram um emissário até Tomás, para que nos juntássemos a eles na Mouraria o quanto antes. Aí iríamos discutir o que fazer. Inteirados dos fatos, prosseguíamos na caminhada em silêncio, como um destacamento militar avançando para o campo de batalha.

Quando passamos pelo forte aconteceu o inesperado: de lá, abriram fogo contra nós. As balas ricocheteavam nas paredes das casas, tirando pedaços do reboco, enquanto corríamos para nos proteger, entrando e saindo em vielas e portais. A ordem era não gastar munição, de modo que não respondemos às saraivadas que vinham do forte e das suas guaritas. Aí entendemos que aquilo era perda de tempo e saímos dali, correndo em formação sobre as pedras do calçamento. Com os minutos, ouvíamos nosso passo cadenciado e aquilo nos enchia de entusiasmo, como se fôssemos um exército. Apalpei as armas sob a capa e percebi que estava molhado de suor. Via os outros confiantes, bufando e sorrindo, como se não estivessem correndo para a morte. Diogo e Jaime na frente, serenos como sempre, os braços musculosos saindo das capas, tinham o perfil dos heróis do meu povo no Futa Jalom, e me lembravam os primeiros hauçás que vi em minha vida, montados a cavalo com garbo e simplicidade ou, como dizia meu pai, "alegres no perigo."

Manu, Belchior e Ivá também observavam os outros com o canto dos olhos, e viam o quanto de orgulho havia neles pelo que estavam fazendo. Estranho como ficamos irmãos naquela caminhada para o perigo, a tortura, a morte e talvez até a liberdade. Estavam todos tomados de uma energia que ninguém jamais pôde me explicar. Quando já surgia adiante a Mouraria, uma sombra de medo passou em nossa alma. Não havia ninguém nas ruas escuras do lugar. Mas alguém se mexia no beco à nossa frente, e logo três homens vieram para nós agitando os braços e sorrindo. Reconheci Firmino e dois libertos que eram ganhadores em Água de Meninos, onde passavam o dia remanchando. Firmino não era pessoa de confiança, e Licutã já tinha me dito que talvez fosse preciso matá-lo durante a rebelião, ou então logo depois, após tomarmos os navios. Fora batizado pelos dominicanos e tinha fama de cristão sincero entre os padres, apesar da sua origem muçulmana, o que era mau sinal. E, ainda pior, tinha igualmente fama de delator. Quem sabe não tinha sido ele o autor da denúncia que levou as patrulhas à Ladeira da Praça, antes da meia-noite?

Os três queriam juntar-se a nós. Moravam ali perto e estavam sabendo do levante há meses, mas não haviam participado das reuniões. Tomás perguntou se traziam armas, viu quais eram e mandou que se misturassem conosco. Corremos um pouco mais e logo ouvimos um alarido à frente. Passos apressados, gritos e tiros. Um grupo de negros surgiu numa esquina e avançou na nossa direção. Depois todos paramos, os braços levantados, fizemos saudações islâmicas e nos abraçamos e beijamos no rosto. Lá estavam Calafate, os dentes brancos brilhando no rosto de ébano, e também Elesbão Dandará, ele que veio das lonjuras de Gravatá para lutar do nosso lado. Trazia consigo, além de armas, papéis com rezas, pequenas tábuas com inscrições, tiaras e rosários malês, que chamamos tessubás e eles chamam de outro jeito, e os distribuiu entre todos. Seis homens que moravam numa casa do Beco do Grelo e trabalhavam com cadeirinhas de arruar na Cidade Baixa tinham se juntado aos demais e penduravam seus rosários ao pescoço.

Todos de branco sob as capas pretas, rodeando Calafate, Tomás, Dandará, Diogo, Jaime e a mim, discutíamos numa beira de calçada, na madrugada quente da Bahia, o que devia ser feito em seguida. Meia dúzia permaneceu um pouco afastada, quase em posição de sentido porque viam a si mesmos como soldados de uma causa, esperando uma decisão que iam cumprir sem fazer perguntas. Os únicos fulas daquela braçada de homens éramos Firmino e eu, mas ninguém prestava atenção nisso. E como Licutã estava no coração de todos nós, resolvemos que era preciso voltar naquela noite à cadeia da Ajuda para libertá-lo, mesmo porque parecia impossível embarcar de volta para a África sem ele.

"Muçá", era Calafate chamando por mim, "como é que você tiraria um preso de uma prisão dessas se contasse com sessenta homens do seu lado?" Fiquei imóvel, piscando e observando o edifício ao longe. Não faria nunca esse trabalho com mais de três homens, pensei, mas não disse. E imaginei a mim mesmo sem arma alguma entrando na prisão para falar com o comandante e pouco depois abrindo a porta para os demais entrarem. Disse-lhe em poucas palavras o que podia fazer, e todos concordaram comigo sem dizer nenhuma palavra. Entramos todos numa viela próxima e eu me preparei, deixando a capa e as armas com Tomás e caminhando sozinho e devagar na direção dos portões meio cerrados, onde duas sentinelas cochilavam escoradas em suas armas. Pisava forte para ser ouvido e visto por elas. Quando cheguei perto, cumprimentei e disse que desejava fazer uma denúncia. Os dois se entreolharam com espanto, e vendo que eu não portava arma me fizeram sinal para que entrasse. Passei para uma pequena sala com uma baioneta espetando de leve minhas costas, e em seguida enveredamos por um corredor que seguia até uma sala maior, onde havia, se bem me recordo, dois oficiais e um guarda que me olharam admirados.

De olhos no chão e voz humilde, disse que os escravos da rua da Palma, de onde eu vinha, estavam preparando um levante para aquela manhã e tinham ameaçado me matar se não me juntasse a eles. Os dois oficiais ficaram de pé, enquanto o guarda saiu para ver o comandante, e os que ficaram na sala me fizeram mais perguntas. Vi sobre a mesa um molho de chaves que imaginei serem das celas do primeiro andar, e na parede, sobre uma armação de madeira, cinco ou seis espingardas carregadas. Soltei meu pé para trás e o sentinela que me seguia de perto caiu com as mãos entre as pernas, gemendo. Nisso tomei sua baioneta e a enfiei no peito do homem à minha frente, enquanto o outro tentava chegar na porta. Seu pescoço estalou quando o apertei com força, estava tudo resolvido ali. Fui para o corredor com as chaves numa das mãos, levando na outra duas baionetas e uma espingarda, e já podia fazer uma guerra só com aquilo. Um homem de barba negra e curta vinha correndo empunhando uma pistola, que disparou e errou antes que uma das baionetas entrasse no seu pescoço. Ouvi vozes na escada e me encolhi na soleira de uma porta. Havia mais gente armada lá em cima do que havia imaginado.

Peguei pelo cinto o outro sentinela que chegava atraído pelo barulho e o dominei, saindo para a calçada com o soldado esperneando no meu colo como uma criança. Calafate e dois dos seus homens correram para mim, mas o que tinha ouvido na escada já estava transbordando nas janelas e havia chegado ao portão: soldados disparavam de cima e dos lados. Ainda assim, tentamos subir até o primeiro andar, em busca de Licutã. "Vamos por aqui, é em cima", gritou Calafate. Um dos nossos disparou um tiro à queima-roupa num outro oficial que acenava de uma janela. Fora bobagem, mas agora não tinha jeito. Dezenas de fardados iam descendo com as armas nas mãos, tropeçando e disparando a esmo. Vi de relance sangue na coxa de Dandará, e um negro miúdo que viera da Vitória havia caído ao meu lado, pondo sangue pela boca. Saltei como uma fera sobre o magote fardado que acabara de aparecer no portão. Minha botina pesada fazia mais estragos do que minhas baionetas, quebrando dentes e esmagando dedos. Os nossos estavam todos recuando, somente Tomás, Calafate e eu não arredávamos pé.

Tomás também parecia um bicho, gingando e pulando na frente dos caiados, e eu vi medo no rosto daqueles soldados que pareciam agora estar assistindo a um espetáculo, sem estar tomando parte nele. Nós três, pretos esguios musculosos, usando ora as armas, ora as mãos, estávamos fazendo a soldadesca correr escada acima. Onde estaria a cela de Licutã, que devia estar ouvindo a barulheira infernal que fazíamos? Calafate me disse: "Vamos embora que não dá para mais...", e puxou meu braço e o de Tomás. Fomos os últimos a sair na calçada e a correr para sumir na esquina próxima. Maria Adeluz me olhou sorrindo e falou: "É doido", seguindo então na minha frente. Do andar de cima do quartel partia uma fuzilaria desesperada, mas nós corríamos descalços, com as botinas nas mãos, enquanto Tomás falava que devíamos descer a Baixa dos Sapateiros até Coqueiros.

Onde estariam os escravos dos engenhos, e os de Santo Amaro e de Itapagipe, que tinham prometido aderir? Em Coqueiros vieram ao nosso encontro mais seis negros armados de pistolas e de foices, e nos abraçamos. Eram hauçás pela fala e pelo porte, e um deles que se dizia chamar Sertório perguntou a Calafate onde ficava o reservatório de água da cidade, que ele havia trazido veneno de rato numa caixa e queria despejar lá dentro, como tinha sido combinado fazer na revolta de sete anos passados e afinal nunca fora feito. Agora andávamos devagar, descendo para Água de Meninos. Calafate disse que devia deixar em qualquer lugar o veneno, porque aquilo não era arma de guerra e nós não éramos criminosos. Para meu espanto, ouvi a voz de Firmino lá atrás, apoiando a fala do comandante. Seria o cristão disfarçado que se manifestava nele? Mas ninguém era mais compassivo do que o maometano, pensava comigo mesmo enquanto andava.

No instante em que chegamos à Cidade Baixa fomos recebidos por um silvo prolongado e uma explosão que abriu um rombo na parede do mercado velho. Era tiro de canhão e vinha do mar. Mamolim fez um reconhecimento até a linha d'água e voltou correndo para dizer que a corveta "Bahiana" estava disparando da barra. Belchior era experimentado porque havia trabalhado em navios de guerra, e precisava ser ouvido. Para ele a corveta não estava atuando por conta própria, mas sob um comando geral de terra, e por isso podíamos contar com patrulhas e soldados nos próximos minutos. De fato, mal disse isso e ouvimos um clamor de vozes no lado norte da praça, na direção de Itaparica: eram fardados, em grande número, que cerravam baionetas e caminhavam em nossa direção. Mas o ruído mais assustador e que me ficou na memória para sempre era o das patas dos cavalos nas pedras da rua. Devia ser uma companhia inteira, com pelo menos cento e quarenta homens, dado o alarido que fazia. Mas ainda estavam longe, tínhamos tempo para pensar.

Diogo veio dizer que quatro escravos haviam chegado numa pequena canoa para lutar do nosso lado e os apontou. Eram homens mais velhos, e um deles bastante gordo e de cabeça branca. Fui falar com eles para conhecer sua disposição e saber notícias da situação no restante da cidade. O gordo chamava-se Leôncio e era fula, sendo extraordinário o fato de não conhecê-lo! Disse-me que era de Cachoeira, tinha vindo para lutar ao nosso lado e me conhecia de vista do cais e do comércio de fumo das ladeiras, sabendo que éramos da mesma nação. Sorriu e me surpreendeu de novo com o bom estado dos seus dentes. "Vamos pegar os navios?", perguntou com um sorriso triste. Olhei ao longo do cais, até a Fortaleza do Mar, e respondi: "Não há navios por aqui. Eles chamaram os práticos para bordo ontem à noite e levaram todos para o largo. O levante foi delatado...". Leôncio confirmou com a cabeça e fechou os olhos: "Sei quem delatou...". Permaneci em silêncio, olhando de perto o rosto redondo. "Foi a Guilhermina, amante do Sule, por ciúme."

Voltei para o centro do grupo e transmiti a Calafate, Tomás, Belchior e Dandará as notícias. Ivá, que me ouvia por cima dos ombros deles, murmurou: "Eu não saio daqui sem luta", mas ninguém nem sequer se voltou para olhá-lo. Calafate demorou a falar, enquanto todos esperavam em meio à trovoada das patas dos cavalos no calçamento, além das esquinas.

"Somos guerreiros no sangue", disse ele, olhando em cada rosto, "e isso aqui não é jogo da péla de que a gente desiste quando quer. No entanto, se algum de vocês tem um bom motivo para continuar a viver como escravo, o mar está aí para nos esconder porque o mar é grande. Vou lutar contra os caiados que pensam que o negro da África foi criado por Deus para servir os brancos. Vou lutar porque não agüentaria esperar até a próxima revolta para tentar de novo a liberdade. Sou muito impaciente para suportar tudo isso mais alguns anos. Ninguém tem obrigação de me seguir, mas quem me seguir que venha com toda raiva e todo sangue que tiver..."

Fiquei ao lado dele, como a maioria dos negros naquela manhã, mas foi nesse instante que comecei a pensar que tipo de homem eu seria de fato, se é que os homens podem ser alguma coisa definida, e em que consistia afinal cada decisão que alguém toma na vida, no momento em que a toma. Esses pensamentos voltariam um milhão de vezes depois ao meu espírito. Naquele instante, o que me prendia ali era alguma coisa de que sempre ouvira falar na infância, por meu pai e meu avô. Era o prazer de lutar, de ganhar e perder, de se fazer leve e habilidoso o bastante para correr, saltar, voar se fosse preciso, jamais manhoso, mas adestrado pela natureza, agindo com a consciência de que não havia ninguém comandando minhas ações, a não ser meu coração, puro movimento como uma grande dança, beleza como só Deus sabia criar.

Agora os soldados estavam mais perto, mas não disparavam na esperança de que nos rendêssemos. A cavalaria vinha pelo outro lado. Via medo nos rostos dos infantes e dos cavalarianos, porque nós não arredávamos passo. Belchior devia estar possuído pelo mesmo djin que eu, porque sorria de leve, os olhos quase fechados. Em que direção ficaria Meca, pensei, porque eu não gostaria de morrer de costas para a Caaba. Os fulas atacaram o reino de Uasulu, a leste do Futa, no ano em que nasci. A frase decorada no tempo de escola em Timbo, nas montanhas de Helaia, apareceu como um relâmpago na minha memória e naquele instante me pareceu apenas engraçada. Tomás me viu sorrindo e também sorriu: "Você vai fazer de novo o que fez há pouco na Ajuda, meu irmão?", perguntou. Não queria mais falar na Ajuda, mas continuei sorrindo sem abrir os lábios. Estava envolto num mar de serenidade que me protegeria mesmo que eu morresse naquele instante. Não sabia o que ia fazer nos próximos segundos, nem queria planejar nada. O corpo, a vida, Deus estavam com a palavra.

"Primeiro as armas de fogo, depois cada um faz o que quiser", disse Calafate em hauçá, repetindo a mesma frase em voz mais baixa em português. Foi um estrondo como nunca se ouviu antes no cais da Bahia. A corveta que havia parado de atirar tinha recomeçado? Não, eram os escravos nagôs e hauçás disparando seus últimos tiros contra os soldados dos senhores brancos que os mandaram buscar um dia no seu lar africano para trabalhar e morrer na América dos cristãos. Cerca de vinte soldados caíram para trás, enquanto todos os outros dispararam suas espingardas e pistolas, dando gritos para assustar o inimigo e porque estavam sentindo medo, todos ao mesmo tempo. Os negros avançaram com seus facões, porretes e lanças e fomos para cima dos fardados, que se encolheram e em seguida debandaram, correndo e galopando.

Calafate, Tomás e eu gritávamos para que fossem tomadas as armas de fogo dos soldados caídos, antes que os companheiros a pegassem. De minha parte já tinha empunhado uma pistola tirada do coldre de um moço branco ferido que não podia mexer os braços e parecia chorar, no chão. Tive um instante de pena mas não interrompi o que estava fazendo. Saltei sobre as pernas do ferido e saí disparando na direção da linha d'água, porque era minha idéia que devíamos ir na direção do mar, ganhássemos ou não a refrega. Via as coisas de relance e cada instante era um momento completo, porque não conseguia fazer ligação entre as cenas que se sucediam uma a uma. Mas me sentia feliz no combate, saltando como um animal, ferindo aqui e me esquivando ali, batendo com o porrete nas cabeças dos soldados que pareciam oferecer-se, disparando tiros certeiros nos oficiais que estavam no comando. Queria desorganizar o inimigo, mas não premeditava isso com clareza. Não sei como tinha mãos para levar tantas armas e para lidar com elas. Mas mergulhava a lança sem pena pelas fardas, triturava os ossos e a carne rosada do europeu a quem devia todas as desditas da minha família e do meu povo.

A cavalaria não era numerosa mas impressionava. Vieram primeiro em fila, depois formaram frentes de dez cavaleiros. Nossas lanças eram longas e chegavam até o peito dos soldados. Nenhum dos nossos feriu os cavalos. Quando não alcançávamos os homens, atirávamos as lanças e logo corríamos para elas a fim de usá-las novamente. Um oficial que me lembrava Dom Pedro caiu devagar do seu cavalo, atingido por um tiro dado à distância. Ficou na calçada, os olhos muito abertos fitando o céu. Os cavalarianos recuaram diante da ousadia do nosso ataque e ficaram num canto da praça, além das tendinhas. Estavam se organizando para atacar de novo, não nos iludíamos. E de fato vieram sobre nós, saltando obstáculos e gritando. Os hauçás e nagôs eram bons também de grito, na guerra, e punham as mãos em concha na boca para modular o som, enquanto prendiam as armas sob os braços. A mim parecia que estava vendo os berberes outra vez, atacando os fulas na margem norte do Níger. A frase atribuída a Maomé me passou pela cabeça: "Devemos aprender a morrer, antes de morrer".

Nos combates de antigamente, quando eu ainda era menino e me escondia para ver em segurança, difícil às vezes era reconhecer o adversário porque não se podia separar um fula de um nagô em meio à poeira e sob o medo de ter o fígado atravessado por uma lança. Vi feridas que não cicatrizaram durante dez anos ou mais, feitas com lança enferrujada e suja de lama. Vi olhos vazados e membros cortados na luta ou depois, pelos companheiros, para evitar a gangrena. Vi um fula ser decapitado por um golpe de alfange a cinco metros de mim, enquanto segurava a mão de meu tio, que me protegia com seu corpo, e não me esqueci dos esguichos de sangue cada vez mais fracos, no ritmo de um coração que vai parando aos poucos, saindo pelas veias do pescoço enquanto a cabeça rolava na poeira mais adiante, os olhos esbugalhados como se a própria morte os espantasse.

Mas em Água de Meninos era diferente, os inimigos pareciam bem delineados e tinham medo de nós porque parecíamos de fato assustadores. O diabo, para os europeus e seus descendentes, era preto como a noite. Isso eu descobri nos livros que o Malasartes me mostrou e no que vi nas igrejas da Bahia, nos lugares onde a arte cristã ameaça os homens com o reino do mal e com seus habitantes — por acaso negros como nós. E, no entanto, li uma vez em Ibn Xari que o inferno que o Profeta visitara na sua famosa viagem noturna e descrevera no Corão, aquele inferno era habitado por demônios brancos e alguns deles de cabelos louros. Já os arcanjos, como Gabriel, tinham a pele escura como os habitantes do deserto e das regiões mais ao sul do grande deserto, no coração mesmo da África. Quando ouvi dizer em Tombuctu que os antepassados dos fulas eram brancos como são brancos os egípcios, imaginei que um dia ou todos os homens foram brancos ou foram todos negros e somente depois se transformaram.

    Tomei do chão um escudo bom de aparar golpes de espada e de lança e não o abandonei mais até o fim da luta. Muitos golpes destinados ao meu peito acabaram nele, e pela força com que vieram eles teriam me prostrado. Aí meu coração começou a se contrair no peito, embora estivesse alegre na guerra, pulando como um gato na briga. Vi que as duas pernas de Dandará sangravam muito e ele não avançava mais, esperando o inimigo onde estivesse. Pensei que não duraria muito, sem mobilidade. Um oficial gritou a quatro soldados para que pegassem o Calafate vivo e, assim, não o ferissem acima dos quadris. Enfiei a lança na barriga de um soldado magro que se aproximava me apontando uma pistola sem coragem de disparar. Quem já não podia mais lutar era o Leôncio, que havia recebido um tiro no pescoço e estava no chão inerte, sobre uma poça de sangue. Pensei triste que ele nunca mais iria pegar os navios para voltar à África, como tinha sonhado. Talvez nem eu, nunca mais.

    Mamolim parou ao meu lado com muita raiva em seu rosto e a testa suja de sangue. Quando nossos pés se tocaram ele me falou: "Quando tiver de fugir, fuja nadando". "Fugir por quê?", pensei. Não me olhou, mas entendeu a pergunta que não fiz. "Vamos precisar de você da próxima vez", gritou em fula, antes de se perder na confusão. Não o vi mais, porém anos depois soube que por aquilo fora condenado a quinhentas chibatadas e havia morrido na metade da pena de açoites, mas o carrasco havia completado sua tarefa mesmo assim. Firmino havia lutado? Não o vi, mas o procurei com olhos, e não percebi sua presença entre os nossos guerreiros vivos, pelo menos naqueles minutos. Quanto a Pedro, não ia voltar nunca mais para a sua cela de escravo nas Mercês, nem cantaria mais no coro das freiras: alguém havia atravessado de lado a lado seu peito e deixara lá a lança como prova da sua obra. A certa altura senti que a luta estava perdida, e qualquer outra perda nossa era glória para os brancos. As fontes da Gamboa e de Água de Meninos, ao norte do Arsenal, iam continuar despejando no mar sua água doce muito fresca, mas eu nunca mais tomaria banho ali. E agora era hora de me chegar um pouco mais ao mar da Bahia.

Dois ou três soldados disparavam na minha direção, e eu mesmo me intrigava por não sentir o chicote dos seus tiros no meu corpo. E estavam com muito medo e tremiam os seus dedos no gatilho, ou não tiveram boa instrução militar, ou ainda meu corpo estava fechado, como diziam os angolanos da Bahia. Vi dois, três cavalos sem cavaleiros, correndo em disparada pelo cais. Meu barco estava amarrado atrás de dois saveiros, a umas cem braças de onde me encontrava. Não o via dali, mas podia adivinhar sua forma pequenina e acolhedora, pouco além dos saveiros, e isso de alguma forma me aproximava dele. Era então ou nunca mais, porque eu era um dos únicos homens do nosso grupo, e os soldados se reuniam junto aos muros para o arremesso final na nossa direção. "Atire nas pernas, atire nas pernas", gritava um oficial jovem, apontando para mim. Atirei as duas lanças na direção dele e corri. Nunca soube se elas chegaram ao seu destino, porque me virei e segui na direção do mar.

Corria com passadas largas, pulando sobre corpos, caixotes, velas dobradas, massame espalhado. Havia dois sujeitos atrás de uma caixa amarrada e já não tinha tempo de me deter para ver quem eram. Pulei sobre a caixa e desci sobre a cabeça de um e o ombro do outro. Eram soldados armados de espingardas, e eles ficaram imóveis no chão, fingindo talvez de mortos. Desci a rampa de pedra e pulei dentro do primeiro saveiro, que parecia vazio. Atravessei o passadiço, saltei para o segundo saveiro e passei correndo ao lado de quatro ou cinco homens que se escondiam ali dos tiros. A corveta "Bahiana" estava próxima, mas os que se apinhavam no seu tombadilho olhavam para terra. Vi o cabo de uma machadinha apontando num escaler e a meti na cintura antes de pular na água. Nadei mergulhado e reconheci meu barco por baixo. Quando subi a bordo tive a certeza de que havia afastado a morte, ainda que por pouco tempo. Nesse momento exato, Alá fez soprar um vento na direção da barra, e mal ajeitei a vela já estava singrando entre os saveiros. Todo o tempo, desde que havia deixado para trás o cais da Bahia, minha memória enlouquecida cantava a mesma cantiga popular, e aquilo me dava força:

> *Cambondo,*
> *Aquela goma!*
> *Quero vê couro zoá!*
> *Omúlu vai pro sertão*
> *Bexiga vai se espalhá.*

Pouco depois, exausto no fundo do barco, ouvi meu nome vindo da água. Havia um negro nadando ali perto. Peguei a machadinha e virei o leme na direção dele. Aí o reconheci, fiz um círculo na água e tomei sua mão. Era Firmino, com o lábio inferior aberto, sangrando muito. Içado o náufrago para bordo, permanecemos calados longo tempo, enquanto ele retomava o fôlego. O dia começava a amanhecer e uma brisa forte enfunava a vela do barco. Firmino tremia da cabeça aos pés. Enquanto olhava na direção de Itaparica eu pensava que havia prometido matar esse homem ainda hoje, antes que a revolta acabasse ou logo depois. Agora olhávamos os dois para os navios que devíamos ter tomado, mas que estavam ao largo. Havia dois a vela, bem grandes, e os outros de menor porte, a vapor. Eram necessários pelo menos dez homens para fazer navegar aqueles barcos, e o sonho tinha de ser adiado uma vez mais. O sonho no qual já não acreditava muito porque temia que então eu já fosse um estranho na terra dos meus pais. Mas isso não confessava nem mesmo à minha sombra. Olhei outra vez Firmino, molhado e aniquilado no fundo do barco, os olhos fechados.

Com o rosto voltado para a cidade, via a mesma paisagem do dia anterior, mas agora os pirilampos dos pontos de iluminação a óleo da Cidade Baixa faziam o conjunto parecer um presépio de imensa doçura e beleza. O céu avermelhado da aurora atrás de nós escondia os contornos da cidade e só deixava ver as luzinhas trêmulas e as torres das igrejas, cujos sinos batiam anunciando o final da revolta, de mais uma revolta negra na Bahia. Navegamos suavemente para Itaparica, dando a volta até Mar Grande, depois para a embocadura do Paraguaçu. Ia pensando no corpo de Maria Adeluz, que havia perdido de vista na luta em Água de Meninos. Apontei a proa da embarcação para o rio e desejei me afundar para o sul naquele sertão infinito onde ninguém encontra ninguém, a não ser o caçador a caça, quando ele é muito bom e ela já não gosta mais da vida. Não era à toa que eu era Muçá, resmunguei para me dar coragem, mantendo a mão firme no leme.

Entrando pelo sertão
1835

Levanto o corpo do fundo da canoa onde acabei de rezar e vejo que o sol se põe outra vez, desde que iniciamos a fuga. Firmino está em terra firme, ali perto, cozinhando alguma coisa para nós, mergulhado no habitual silêncio. Há um trato entre nós dois para dispensarmos as palavras inúteis, nós que viajamos juntos porque nos convém, não por nossa escolha. Sinto o cheiro de comida e me pergunto onde ele conseguiu óleo para fritar peixe. Penso em inhame, peixe seco, dendê, pimenta, arroz hauçá, e sinto muita fome. Tiro do bolso da calça umas folhas de castanheira amarga para mastigar, refrescar a boca e tomar coragem.

Minhas costas doíam um pouco e um arranhão no braço ardia de modo suportável. Tirei a roupa e entrei no rio para me lavar e me aliviar do calor. Subi de novo para a canoa e me vesti sem me enxugar. Firmino se aproximou e me estendeu um punhado de folhas molhadas. "É malva, para as costas", disse ele, voltando para a fogueira em terra. Comprimi as folhas no lugar onde sentia a dor e me sentei de novo para arrumar as idéias. Não fazia planos para ir muito adiante, queria medir meus passos para os próximos dias e conseguir isso já me deixaria feliz. Mas há algum tempo desejava me afastar de tudo, ainda que por apenas uns dias, como já fizera no passado com bons resultados. Pensava nas leituras que fizera de Ibn Khaldun e de Al-Gazhali, sobre a riqueza que se esconde no silêncio, na sobriedade e na observação das coisas tal como elas são na realidade, não como gostaríamos que fossem. Ouvir os sons do mundo, os sons naturais e os produzidos pelo espírito inquieto do homem.

Respirava o ar fresco da mata e achava bonitos os cipós pendentes das árvores altas na outra margem. Tentava recompor na memória a oração de Farid Attar aos pássaros, que já soubera de cor, a invocação do pintassilgo, que dizia: "Quando houver queimado tudo o que te liga ao mundo, a luz de Deus vai se manifestar em ti a cada instante. Quando te tornares um pássaro perfeito, já não existirás, mas Deus há de estar sempre lá". Queria subir o rio, esse era um projeto antigo que sempre havia adiado, e então, lá no mato mais selvagem, descansar do mundo — que era um modo, afinal, de me voltar para a verdade do mundo. "Quando te tornares um pássaro perfeito...", repetia mentalmente, com uma saudade vaga de alguma coisa intensa e luminosa, um dia experimentada e depois esquecida. Pensava subir o rio Paraguaçu caminhando pela margem esquerda, enquanto houvesse luz do dia, até a capela de Nossa Senhora da Pena, antes da vila de Cachoeira, para então descer em linha reta para o Sul até encontrar um dos quatro quilombos da região, rabiscados por mim num mapa muito tosco na capa de um caderno na casa de Malasartes, há cinco anos passados, em Salvador, com o formato do Cruzeiro do Sul. É isso, tinha feito um mapa que depois destruí para não deixar sinal daquele plano de escapar para o Sul, como se o Sul fosse uma saída para a minha vida. Mas ainda assim era feliz, como se pode ser feliz escravo, na mansão dos Miller, meus senhores que estavam sempre viajando pelo mundo.

Maragojipe era provavelmente onde estava agora, e mais adiante já poderíamos pernoitar nas ruínas do Forte de Santa Cruz. Depois era ir margeando o rio até a casa-grande de Nossa Senhora da Pena, fora de Cachoeira, para um encontro que queria ter, e de lá tomar o rumo sul. Devia fazer isso sozinho, havia pensado repetidamente. Desci até onde estava Firmino, que me olhou rapidamente quando cheguei. Disse-lhe que ia trocar o barco por comida e voltaria em algumas horas para comermos alguma coisa ali mesmo. Balançou a cabeça e continuou a mexer os espetos com que havia atravessado dois peixes graúdos. Tomei o barco e manobrei margem abaixo até uma casa de sapê que tinha visto na subida e em cuja frente avistara crianças negras brincando. Era casa de preto, provavelmente liberto porque escravo fugido não ia se oferecer aos capitães-do-mato num lugar tão evidente. Quando vi de novo a casa, virei a proa na direção da margem e pulei na areia molhada. Bati palmas na porta e chamei quem estivesse dentro. Um negro de meia-idade apareceu na janela, as mãos escondidas, desconfiado. Entendeu logo que eu estava fugindo, e saiu comigo para ver o barco que lhe ofereci, conservando seu facão pendurado na cintura. Viu, mexeu e disse que só tinha para oferecer em troca dois sacos de farinha, charque, feijão, sal para três dias e uma sacola grande. Conversamos mais descansados depois que fizemos a troca e ele me confirmou que para o Sul havia um punhado de quilombos, uns bons e outros perigosos. E na conversa me disse que o lugar onde estávamos não era nada bom para escravos fugitivos, porque aquele era o primeiro local onde os capitães-do-mato vinham buscá-los.

A volta foi demorada porque eu ia carregado e andando pela margem do rio, onde era obrigado a dar voltas para fugir do lodo. Encontrei Firmino cochilando encostado num sabugueiro, mas à minha aproximação se levantou. Parecia tranqüilo e confiante, mas não tínhamos ainda falado sobre o dia anterior. Nada me perguntou sobre a troca do barco por comida, mas contei por alto o negócio que havia feito e ele balançou a cabeça. Em seguida lembrou, entre dentes, que não poderíamos navegar mesmo muito tempo contra a correnteza, uma vez que o Paraguaçu descia para a Baía de Todos os Santos e acima dali as águas eram cada vez mais tumultuosas. E, comendo o peixe, ficamos os dois olhando o rio que passava lento aos nossos pés, manso como se não fosse ele o autor das maiores cheias que conheci e não tivesse levado tanta gente descuidada para o seu fundo lodoso. Não era grande quanto o Níger, mas era muito mais temível porque a natureza era mais brutal ao seu redor do que a de minha terra.

Mais tarde fizemos uma fogueira e Firmino adormeceu logo, mas eu fiquei acordado até muito depois da meia-noite. Horas antes de adormecer, ouvi música de violão e vozes de homem e de mulher cantando. Fiquei de pé, apurando o ouvido, até que percebi luzes tremulando no meio das árvores e um som cadenciado de máquinas trabalhando. Por instantes pensei que estivesse sonhando, mas logo descobri o que era. O pequeno barco a vapor dos ingleses vinha subindo o rio contra a correnteza, em plena noite, seguindo lento na direção de Cachoeira, e as pessoas a bordo entoavam cantigas ao som de violão. O barco tinha lâmpadas de azeite na proa e na popa, parecendo uma deusa do rio que estivesse assombrando a noite escura do sertão. Podia ver uma mesa posta, e em torno dela uma dezena de homens e mulheres em convívio alegre, rindo e cantando. Era a vida feliz dos baianos e portugueses que tinham títulos e dinheiro. Ouvia o tinir dos talheres nos pratos e o som da rolha saltando de uma garrafa. A visão desapareceu tão depressa quanto surgiu, e eu fiquei no escuro, ouvindo ao longe as vozes e os risos que se perdiam rio acima. Quase adormecido, enrolado em meu cobertor, já não sabia se escutava ainda alguma coisa ou se apenas me lembrava do que tinha ouvido.

Nos dois dias que se seguiram continuamos subindo pela margem, na direção contrária à correnteza, cautelosos com outra presença humana. Parávamos só para comer e dormir, e o alimento era providenciado por Firmino. Enquanto me sentava num tronco após as caminhadas, ele fisgava peixes com bambu, ficando muito tempo imóvel até que o almoço chegasse junto dele. Havia trançado uma cesta de sapê-de-capoeira, que pendurava num ombro e onde punha os peixes que ia pescando. Assim, comemos peixe naqueles meses todos em que andamos seguindo o Paraguaçu, antes e depois da pausa que eu quis fazer nas proximidades de Cachoeira. Na véspera da chegada à vila houve um momento de beleza que nunca mais pude esquecer. Vimos uma clareira forrada de cores que variavam do azul ao vermelho, passando pelo amarelo e o verde, um deslumbramento para os olhos. A floresta estava escura em volta porque era ainda madrugada, mas a clareira brilhava com mil cores. Firmino caminhou para lá na minha frente, e os dois paramos de súbito, espantados com tanta luz. As flores pareciam se levantar do chão e subir para a luz no alto, entre sons de asas e gritos de pássaros. Olhei para Firmino, querendo partilhar aquilo por um instante, mas ele virou o rosto, creio que envergonhado da própria emoção.

Ao cair da noite do sexto dia de andança, chegamos à Vila Senhora do Rosário do Porto da Cachoeira. Achei mais prudente deixar Firmino junto ao rio e ir sozinho aonde queria ir. Andei pelo mato com cuidado, pois não estava reconhecendo o terreno, embora tivesse estado antes ali. Vi primeiro a torre da capela de Nossa Senhora do Engenho Velho, depois a casa-grande. Dei a volta até os fundos, atento para a possibilidade de encontrar cachorros, mas não havia nenhum. Uma mulher negra estava sentada diante do fogão e ensinava números em nagô a uma menina branca. "Eni, eji, etá, erim, arum, fá, ejé, ejó, esam", dizia contando nos dedos, e a criança repetia de modo confuso, rindo muito. Era a mulher de Batanhos brincando com a filha da casa. Ouvi um ruído atrás de mim e me escondi. Agora era Batanhos que saía do casebre no quintal e subia para a casa afivelando o cinto das calças. "Irmão", falei em hauçá, e ele recuou um passo. "Irmão Muçá", respondeu, sussurrando, e me abraçou.

Dentes enormes e muito brancos brilhavam no bondoso rosto que me olhava com prazer. "Sabe que Muçá quer dizer também 'parecido com Moisés'"?, perguntou, rindo. E me abraçou de novo: "Você está vivo, você está vivo". Falamos sobre a rebelião, as mortes, o fracasso, a minha fuga. Disse-lhe que precisava ficar uns dias distante de tudo, orando e jejuando, e pensei que ele talvez pudesse me ajudar. Meu companheiro de viagem poderia auxiliá-lo na sua pequena lavoura, nesse meio tempo. Batanhos entendeu imediatamente que eu me referia ao que chamávamos de caluá, que podia ser feito na zauiá, um lugar especialmente destinado a isso, ou em meio à natureza. Aquela era a primeira fórmula do rosário islâmico, conhecido como uírde. Batanhos pediu-me que o acompanhasse e se embrenhou num bosque de carnaúbas que distava um minuto a pé da casa. Parou diante de um barraco tosco de madeira e disse-me que podia ficar ali o tempo que quisesse. Havia frutas e água fresca por perto. Fui ao encontro de Firmino e disse-lhe que permaneceria uns dias com Batanhos e que ele poderia escolher entre tomar seu rumo e ficar também por lá, ajudando nosso hospedeiro na plantação, para depois seguir para o Sul comigo. Expliquei-lhe minha decisão de me isolar de tudo por algum tempo. Sua resposta imediata foi a de que esperaria esse período e continuaria a fazer em minha companhia a nossa viagem para o Sul. Não tínhamos conversado, afinal, sobre o seu passado, a sua conversão ao cristianismo, nem sobre sua participação na revolta. Não sabia explicar a mim mesmo a confiança que cada dia mais ele me inspirava.

Na Bahia, ao tempo em que cheguei lá, havia mantido uma forte embora breve amizade com um velho escravo malê, mestre Majdub, que me trouxe de volta à memória um aprendizado meio esquecido do meu tempo de juventude em Timbo. O retiro espiritual que ele e meus tios na África chamavam de caluá era o tratamento admirável da alma e do corpo que deveria vir depois do sofrimento pesado e da luta contra inimigos. Batanhos me cedeu seu rosário, e o restante as minhas melhores lembranças fizeram. Evoquei a morte de Majdub e pedi por ele a Deus, recordando suas últimas palavras ditas às suas filhas e a mim, que ele considerava filho. Na pequena zaiuá, um barraco tosco entre as árvores, passei dias abençoados ouvindo somente o vento e o canto dos pássaros, em oração, jejum e invocação.

Ó mundo, sirva aqueles que a Deus servem, e esgote aqueles que O servem. As pequenas dificuldades podiam servir às pequenas descobertas, as dificuldades maiores podiam levar aos patamares mais altos do conhecimento, mas as dificuldades insuperáveis podiam revelar as paisagens deslumbrantes do espírito. Passava os dias em pé, voltado para a parede de madeira, às vezes de joelhos ou sentado no chão, e raramente deitado. Comia frutas, mastigava ervas e bebia o coalho de leite que Batanhos deixava de manhã do lado de fora, junto à porta. Nos meus sonhos, vi Timbo e Tombuctu, Jené e Gao, e o Níger poderoso onde nadei em criança. Despertava do sono com um deles na memória e tinha a impressão de que bastaria alongar o braço para colher um pouco de água daquele rio santo, ou um punhado de areia do deserto que ele atravessava. Via nos sonhos Ahmed Baba, de quem meus tios contavam longas histórias e que nunca cheguei a ver em carne e osso. O Baba que pregou a vida toda contra a escravidão e afugentava com gritos os tuaregues que lhe traziam belas escravas para a sua cama, pois ele só as teria nos braços por amor, nunca para buscar a glória do prazer ou o esquecimento. Ah, os tuaregues sempre trataram Tombuctu e Timbo como tratavam as mulheres. Via nos sonhos e na memória, em plena vigília, a mesquita de mil anos da cidade, que atraía de longe para lá gente que viajava meses no lombo dos camelos ou em jumentos só para contemplar as suas torres, chorando como se dizia que os peregrinos choravam em Meca e Medina.

Estou diante da mesquita santa de Tombuctu, construída no tempo em que os fulas se mudaram para as montanhas do Futa Jalom e para os campos de Macina, no delta interior do rio Níger, pouco antes de o rio fazer a curva para o Sul, depois de seguir por milhares de léguas para o Nordeste. Não há ninguém na imensa praça e o sol está a pino. Estou de pé diante das torres que os berberes fizeram em honra de Deus e que foi o abrigo espiritual dos reis e da nobreza, dos homens de negócio e dos pobres por muitos séculos. Quero me mover e não posso, meu corpo é de barro cozido e de pedra, como aquela casa imensa de Deus. Finalmente, com esforço consigo caminhar uns passos e vou devagar até a porta da mesquita. Deixo ali minhas botinas e entro, as pernas ainda pesadas. No centro do templo há uma cabeça de terracota de Ifé, e seu rosto me é muito familiar. É o meu rosto que está ali, Deus seja louvado, e lá estão as marcas dos lados do nariz, como os bigodes de um gato. Olho com espanto a outra metade do templo, onde está de pé uma mulher ainda jovem, o rosto coberto com a coroa de contas franjada que na minha terra se chama adé. Tenho quinze anos, sei que estou sonhando e desejo aquela mulher para mim, apesar de estar numa mesquita e me sentir reverente e aquietado naquela casa de Deus.

Ó, hodani nidiam ha Timbo, as meninas cantavam com suas vozes lindas, falando nos milagres da boa água de Timbo com que sonhavam os viajantes do deserto. O menino Ibrahima tinha seu exemplar do Corão e um outro do Pentateuco, ambos encapados em verde. E havia os homens velhos que tinham peregrinado um dia a Meca e na volta contavam como navegaram pelo mar Vermelho e pelo istmo, retornando depois pelo Egito ou pelo Marrocos até Futa. Toda Timbo falou por muitos meses numa guerra sangrenta num braço de água salgada que sai do mar e fica entre a Europa e a África, quando muitos navios foram afundados, e os espanhóis, derrotados. Pouco entendi quando isso me foi contado e repetido. Na minha imaginação, podia ver os navios afundando e seus tripulantes brancos morrendo afogados. Os guerreiros de meu pai, que eram também negociantes, costumavam me contar muitas histórias, quando não guerreavam. Eles trabalhavam com prata, ferro e couro. Mas os fulas tradicionais, como os homens todos da minha família, sempre trabalharam nas coisas do campo, e se orgulhavam disso.

Os jalunques se achavam superiores a eles porque eram das cidades, eles que nunca trabalhavam antes da metade do dia. Depois que faziam as orações, iam para o campo mas voltavam logo. Os fulas riam deles, perguntando se já estavam cansados de trabalhar. Mas os jalunques eram difíceis de escravizar, rebeldes, brigões e teimosos como nenhum outro povo. O bisavô Sori fugiu de Timbo com a família e se refugiou no alto do monte Halaia, de onde se avistava perfeitamente o casario branco de Timbo. Como o sol nascia atrás do Halaia para quem olhava de Timbo, Sori dizia que Alá o protegia, e a prova de que era amado por Ele era o fato de o sol banhar primeiro o seu quintal. O povo acreditava. Essas histórias me foram contadas por meu pai, e muitas vezes repetidas para que eu não as esquecesse mais.

Era um caminho ladeado de palmeiras e ao fundo ficava a casa do rei Sori, meu bisavô. Meus tios me contaram essa história muitas vezes, e como não mudassem nela nada eu a gravei para sempre. Aquilo havia acontecido quase trinta anos antes do meu nascimento. A casa do rei estava aquele dia coberta de tristeza e Sori não queria ver ninguém. As mulheres da família choravam pelos cantos e todos faziam o jejum que homenageava os mortos. O jovem Abdual Ibrahima, meu avô de quem recebi o nome, havia caído prisioneiro dos seus inimigos. O filho do grande rei do Futa Jalom ganhara pouco antes uma batalha, mas generoso como era havia resolvido soltar os guerreiros derrotados para que pudessem voltar para suas mulheres e seus filhos. Aqueles renegados se juntaram logo, pegaram novas armas e cercaram Ibrahima para aprisioná-lo. Com vinte e cinco outros presos, todos oficiais e filhos das grandes famílias do Futa, foram vendidos como escravos e levados para a América, onde se perderam seus passos. Meu pai, Maudo, o Grande, era ainda menino nessa ocasião, mas seus irmãos, meus tios mais velhos, gravaram com lágrimas essa história no coração e sempre a repetiam. Meu bisavô Sori nunca mais foi o mesmo rei, porque não voltou a ser o mesmo homem depois disso.

Muito depois, na Bahia, mestre Majdub me contou o restante da história, a mim que tive um destino parecido com o de meu avô. Quando acordava durante a noite no barraco que Batanhos me havia cedido para fazer o que os livros cristãos chamavam de meditação solitária e Majdub chamava simplesmente de uírde, ficava triste por ter me deixado envolver pela lembrança de histórias familiares e por fantasias que eu mesmo somava a elas, quando não multiplicava. Mas naqueles dias comecei a recompor na memória o *Mantic uttair*, de Farid Attar, que por se aplicar a todas as situações da vida eu fora encorajado a decorar na escola de teologia em Tombuctu. Nesse livro imortal, o sono simboliza a meditação sobre a perfeição divina, que uma vez provada deixa o homem *enamorado* para sempre da divindade, mesmo se apenas num pequeno canto da sua alma. O *Mantic* conta um longo diálogo dos pássaros em que a poupa é maestra — um tratado sobre o bem supremo, destinado a quem já foi alguma vez contaminado pelo amor, ainda que não saiba disso. Ora, o perfume é o símbolo da expectativa da inspiração divina — e o apelido do autor, inspirado na obra, Attar, significa em árabe "o perfumista". E é extraordinário que a recuperação por minha memória de um livro que havia decorado há mais de vinte anos, mas do qual não me lembrara recentemente, foi rápida e integral. Lembrando das últimas palavras de uma parábola, uma outra passagem emergia com todos os seus detalhes, e eu não me apressava em recuperá-la porque tinha certeza de que ela voltaria quando chamada.

De um casebre na margem do rio Paraguaçu fiquei olhando a vida por duas semanas, a minha vida e as fantasias que por medo alimentei minha existência inteira. Esse tempo passou depressa, mas pareceu conter toda a eternidade quando o revi depois. Minha cela era um cômodo único, com dois leitos improvisados e uma só janela, além de uma caixa de madeira sem tampa que servia de cômoda. O teto era agradavelmente simples, e da cama eu podia contar as telhas porque não havia forro. Uma noite acordei com a certeza de que alguém lá fora havia me chamado, mas devia ter sonhado porque tinha ouvido uma voz familiar de homem e um sino de igreja tocando ao mesmo tempo, o que seria impossível naquele mato fechado. Abri a porta e levantei o lampeão, mas era só o vento. Quando me deitei de novo, acho que dormi de imediato, e sonhei, sonhei muito. Via Maudo, o Grande, diante de mim, muito mais alto do que eu, o dedo em riste apontando o céu. Meu pai parecia ainda mais carrancudo do que de costume, e eu, ainda menino, devia ter feito alguma coisa que ele censurava. No sonho perguntei-lhe se me chamara havia pouco lá fora, ou era só o vento. Maudo sorriu pela primeira vez nas minhas lembranças e nos meus sonhos, achando muita graça na pergunta em que eu lançava uma ponte entre o sonho e a vigília. Meu pai gostava desse tipo de jogo ou brincadeira. Sentei na cama para reter o sonho na memória, e me deitei de novo para dormir profundamente.

Outro dia pensei longamente, depois que terminei um rosário, no episódio da minha captura e na vaga mas expressiva semelhança que ela teve com a prisão de meu avô, trinta e cinco anos antes, quase no mesmo lugar. Não sei se após minha prisão o antigo reino do meu bisavô Sori chorou de tristeza, como três décadas antes aconteceu, mas sei que Maudo, o Grande, procurou seu filho por nada menos que um ano, amparado na esperança de que ele podia estar aprisionado numa aldeia distante dos inimigos. Nos anos que se seguiram, o guerreiro, o estudante, o filho e o fiel religioso que fui "enquanto vivo" foi lembrado nas cerimônias com que começavam as grandes festas anuais em que se matavam mil bois e para as quais chegavam convidados até da Guiné e do Alto Níger. Todas as notícias que tive dos Futa Jalom, dadas a mim por escravos fulas chegados à Bahia nos últimos oito anos, davam a entender que minha gente me considerava morto, e não vendido para a escravidão, porque a morte era mais honrosa que a servidão, e melhor para o orgulho da família de ser acreditata pelo povo. Dentro de mim alguma coisa se acomodou à idéia de que o moço Ibrahima, jovem guerreiro, estudante da escola de Tombuctu, havia morrido naquela batalha em que de fato caí prisioneiro. Enquanto era levado a pé, numa caravana que viajou dois meses até um porto de Angola, mudei de dono duas vezes, passei fome e fui chicoteado em cinco ocasiões por ter tentado fugir. No porto onde era esperado o navio que nos levaria a alguma cidade do outro lado do oceano, fiquei dez dias sem comer, amarrado no escuro, com uma lata d'água ao meu lado onde metia o rosto para saciar a sede.

Aquela cabeça de terracota de Ifé apareceu em outros sonhos que tive no retiro da pequenina zaiuá que Batanhos me cedeu. Sabia o que significavam os sonhos, quando eles eram invocados com jejum e oração, e entendia que o Ahmed Baba que me aparecia nos primeiros que tive era alguma coisa que emergia de dentro de mim, nada que se impusesse de fora, como uma assombração ou coisa assim. Mestre Majdub havia reforçado em meu espírito o que já trazia de Tombuctu — um retiro bem-feito era como uma peregrinação a Meca, uma viagem em que toda nossa vida ganha sentido e de algum modo surge por inteira, sem diferença entre passado e futuro, toda concentrada no presente. Mas é preciso saber interpretar o que é visto e é ouvido, nada semelhante a um sonho comum, mas sim um transe, como ensinou Majdub. Uma noite, a cabeça de terracota que tinha os traços do meu rosto falou durante muito tempo, e como falasse quase sussurrando tive de colar meu ouvido aos seus lábios, de modo a nada perder do que ela dizia. A verdade é que muita coisa se perdeu, mas, do que consegui juntar, o que a cabeça de Ifé me disse é que toda vida é uma caminhada e que a minha era uma dupla caminhada, uma feita por dentro, outra feita por fora. Falava como se minha vida já tivesse acabado, e muito tempo tivesse decorrido depois de ela estar terminada. E uma frase ouvida naquela noite, naquele mesmo transe, que entendi depois como um conselho, ficou para sempre no meu coração: "Uma dificuldade é uma luz. Uma dificuldade invencível é um verdadeiro sol".

Acordava molhado de suor e me arrastava até a porta para pegar, bem cedo, o pote de coalho que Batanhos deixava ali de madrugada. Não saía do casebre, como era do ritual ensinado por Majdub, e às vezes ficava em posição ereta horas seguidas, olhando para um único ponto na parede, a espinha reta, as mãos empalmadas para a frente, o queixo ligeiramente baixo, os músculos do pescoço descontraídos, mas os do ventre sugados para dentro. Ouvia a voz do velho malê: "Sua alma está vazia, como uma sala limpa. Se você observar a menor poeira que entrar ali, ela desaparecerá. Esteja atento ao menor grão de sujeira, a toda e qualquer impureza. Não para toda a vida, mas somente agora, neste instante em que está diante da sua alma. Entenda o que lhe digo, mas não guarde a vibração das minhas palavras — o significado é verdadeiro, mas as palavras em si são também poeira. Seja todo atenção". Majdub fazia uma pausa e continuava: "Repare que quando é todo atenção, você está vazio. Essa atenção não é diferente de você, não é um ser separado de quem está atento. Não chame nada à sua alma, você não precisa de nada além desse silêncio. E esse silêncio é você, meu filho". A linda prece havia retornado inteira à minha memória, mas ainda havia impurezas na sala da minha alma.

Lembro de um último sonho tido ao final das duas semanas que passei no caluá, no meio da floresta de Cachoeira. Era outra vez na aldeia de Timbo, no alto do único morro que havia na região, onde o bisavô Sori havia mandado fazer sua casa, depois transformada em templo pelos netos. Minha irmã Aiesha e eu brincávamos em silêncio fazendo montinhos de barro que dentro em pouco seriam transformados em fortalezas. Quando levantei meus olhos para ela, seu rosto estava se transformando de um modo estranho, como se fosse um espelho que refletisse vários rostos desconhecidos, e no intervalo entre eles o sol brilhasse com intensidade. Vi naquele espelho o rosto de minha mãe, vi o de Maria Adeluz, o de Fátima, a ama que me criou, e vi outros que não conhecia e que ainda iam talvez passar por minha vida. Não me esqueço do rosto bonito e sorridente de uma mulher negra, nem o de uma branca com uns traços de crueldade nele, assim como o de uma criatura agonizante, olhando-me nos olhos e chorando muito. E em seguida era de novo Aiesha, que brincava com seus montículos de barro e já fazia as janelas de sua primeira fortaleza.

Deixei o casebre numa tarde de chuva e fui andando devagar até a casa de Batanhos. Ele, a mulher, a menina branca da casa e Firmino me receberam sorrindo e me fizeram sentar na varanda. Só entendi a razão daqueles cuidados quando me olhei num espelho que me trouxeram. Estava muito magro, o rosto encovado, as escarificações murchas, o pescoço fino, os olhos avermelhados. Mas me sentia muito bem e já estava pensando em continuar a caminhada. Firmino havia cozinhado para todos, naqueles dias, e Batanhos me confessou que nunca havia comido tão bem em toda a vida. Havia pescado excelente no Paraguaçu, e Firmino era um mestre na pesca com vara. Durante dois dias, preparamos o farnel da viagem e Batanhos me deu notícias da Bahia, que colhera havia uma semana de um caboclo que subia o rio. Muitos mortos, presos e açoitados — alguns até morrer. Enquanto ele falava, eu ouvia os nomes de olhos fechados, lembrando cada rosto, depois ficava pensando sobre a rebelião, a inconformidade que a moveu. Sentia que minha guerra interior fizera uma pausa dentro de mim, e que a vida dos homens — talvez não a minha — seria aquela para sempre. Mas não podia nem queria falar agora sobre isso, sobretudo porque sentia que as paixões ainda estavam fervendo nos corações ao meu redor.

Abracei com ternura aquela boa gente, na hora da despedida. Beijei a mão de Batanhos, e com suavidade impedi que ele beijasse a minha. E pensei que estava começando a entender melhor Firmino, quando o vi emocionado e triste por deixar para trás aquelas pessoas com quem convivera por duas semanas. Tomamos a picada junto à margem do grande rio e seguimos para o Sul, contornando buritizeiros e palmeiras. Vimos passar na correnteza um boi morto, tão inchado que devia ter morrido havia muitos dias. A certa altura percebemos movimento animal nos ramos de uma touceira e paramos imediatamente. Empunhei a machadinha que estava sempre na cintura e andei uns passos cautelosos naquela direção. Em seguida peguei uma pedra no chão e a atirei num dos arbustos. Uma capivara enorme saltou para fora e correu na direção oposta a nós. Rimos do susto e seguimos caminho. Quando começou a anoitecer, fisgamos um peixe e o comemos na brasa. Depois, Firmino adormeceu enrolado no seu cobertor remendado, e eu ainda fiquei algum tempo olhando o Cruzeiro do Sul para calcular nosso rumo.

Acordei durante a madrugada com a sensação de que alguma coisa estava se movendo devagar sobre meu corpo. Escorreguei a mão para a faca que tinha sempre a meu lado e me movi um pouco para sentir a resistência da coisa. Então levantei de um salto e Firmino também pulou do seu cobertor, empunhando o facão. Era uma jibóia como nunca tinha visto outra, grossa como um tronco e viscosa, visivelmente alimentada e mole, arrastando seu bojo para o escuro do mato. Meu peito parecia grudento com o contato. Firmino quis pegar a pistola, mas eu o detive com um gesto. Uma jibóia colossal, que beleza. E de barriga cheia, que sorte. Demos uma olhada em volta, ativamos a fogueira e voltamos para os cobertores. Mais tarde, o sol estava nascendo e seria por volta das seis horas no sertão da Bahia quando me pus de pé. Ajoelhado no cobertor, fiz a primeira oração do dia voltado para o Nordeste, e Firmino como de costume me acompanhou, levantando-se quando me levantei.

Seguimos o rasto da jibóia por curiosidade, vendo de onde tinha vindo e para onde tinha ido. Fazíamos isso, como quase tudo, em silêncio e total concordância. Pelo rasto deixado, o bicho era capaz de triturar um homem e de comê-lo inteiro, para depois devolver o esqueleto limpo. Rimos outra vez do susto e seguimos viagem, os olhos postos num cume de montanha à frente que aparecera havia pouco e que não esperávamos encontrar. E pensamos que seria bom subir num ponto mais elevado do terreno para ver o que havia pela frente. De começo a subida era suave, mas logo estávamos ofegantes. Quando paramos para comer alguma coisa tivemos de nos agarrar nos arbustos para não escorregar. Até aqui, duas montarias podiam ter feito muito por nós, mas dali em diante elas só nos dariam trabalho. Descobrimos que seria preciso subir muito para ter uma vista confortável da região. Procurava me distrair para não me apressar. Pensava nas florestas de Iorubo, onde Odudua quis fundar um reino e o fundou de fato. Aquela gente da tribo de Nimrod, que fugiu um dia da Mesopotâmia e atravessou o deserto até um Níger de farta pescaria, tornou-se afinal gente da floresta e de uma só montanha, o monte Ora, primeira morada de Odudua na Terra. Ia lembrando as lendas dos nagôs, nossos irmãos, para que elas não se apagassem da memória e eu pudesse um dia contá-las aos meus filhos. Para os iorubanos, a montanha tinha um efeito mágico sobre o homem, e o fazia mais nobre e recolhido na sua fé, quando seu coração já foi despertado e o deserto produziu nele seus efeitos.

Não queria acampar antes de alcançado o cume, e a noite vinha chegando nos nossos calcanhares. Olhando atrás a paisagem que aparecia entre os galhos das árvores, via a caatinga e uns pedaços de floresta por onde viemos, e lá no fundo o risco azul-escuro do Paraguaçu mergulhando no horizonte. Não havia tempo a perder até que escurecesse, pois acampar ali seria ruim, uma vez que não havia nada plano ao redor e se chovesse íamos ficar no meio de uma cachoeira. Firmino seguia na frente, respirando com esforço e movendo os braços com vigor, o facão em punho. De repente gritou: "Chegamos!". E cortou os galhos que restavam na frente como quem abre uma janela. Era uma esplanada na crista do morro, voltada para o Sul como uma varanda, com capim baixo e umas paineiras espalhadas em redor. Diante de nós estava a paisagem, e era como se fosse um país diferente: dois riachos, pequenos montes e um declive menos íngreme naquele lado da montanha. Entendi então que havíamos nos desviado um pouco para oeste, seguindo o rio. De um ponto à direita subia uma fumaça branca na vertical, que indicava calmaria e revelava a presença do homem. Ainda mais à direita, um risco escuro no horizonte podia ser uma cadeia de montanhas. Mas já escurecia depressa, e os contrastes logo sumiriam completamente. Para Firmino, como para mim, aquilo tudo em frente era o que os mapas portugueses chamavam de *terra ignota*.

Acendemos uma fogueira, fizemos as orações em silêncio, comemos o que restava do peixe com farinha e Firmino fumou um pouco de umburu. Antes de dormir me pareceu ouvir ao longe a bigorna de um ferreiro, trazida pela brisa do Sul, ou teria sonhado com isso? O fato é que sonhei muito naquela noite, mais fria do que as anteriores. Ora era a mulher que numa noite escura se entregou a mim numa praia da ilha da Maré, sem que tivéssemos trocado uma só palavra, ora era o padre que me ameaçou de escomunhão porque ajudei a fugir sua escrava que empreguei depois num engenho de Maragogipe, e pela qual ele se apaixonara, a mulata Marta que viera do Rio de Janeiro e que falava de um modo dengoso como nunca tinha visto antes. Sonhei confusamente com Iuguda e Mairama, os meninos órfãos que o mundo queria modelar mas que eram antes de tudo livres. O conhecimento desse casalzinho feliz eu fizera em Timbó e Timbuctu, ouvindo histórias contadas na escola, na mesquita e nas barrancas do Níger, e de novo encontrei essa dupla adorável na casa do Malasartes, na Bahia, nas historietas narradas pelas negras da casa a seus filhos, com os personagens então chamados de Joãozinho e Maria.

Ainda muito cedo, vi no primeiro claro da manhã o fio vertical de fumaça que no horizonte do lado sul indicava presença humana. Descemos serra abaixo parte da manhã e numa clareira grande encontramos o que parecia um resto de acampamento, com vestígios de fogueiras e sinais de comida, como se uns cinco ou seis homens tivessem parado ali. Firmino e eu nos debruçamos sobre as marcas no chão. Resíduos de pirão funji, açúcar de malete e espinhas de mufete: eram escravos fugidos. Seguimos caminho sem falar, e eu me lembrava de Abu Becre, em Timbo, ensinando a mim e a meus primos como caçar e viver no mato um longo tempo. Era olhar de perto, cheirar e ter paciência como os bichos. "Deixe a memória em casa, bem trancada, e fique atento a você mesmo, enquanto fica atento ao mundo." Saber o peso aproximado daquele animal que deixou rasto, e como ele se movimenta quando anda, só com as marcas que vai encontrando. Abu Becre andava como se não pisasse no chão — e às vezes andava de costas, sobre seus próprios rastos, para não passar de caçador a caça. Eu me esforçava, bem que me esforçava para ser silencioso por fora e por dentro, e me lamentava de não conseguir muitos resultados. "A paciência de que falo", repetia sem cansar o negro velho Abu Becre, "começa com você mesmo."

Quando entardeceu, já no plano, Firmino resolveu caçar com a lança uma capivara que viu no mato, e demorou muito a aparecer de volta, arrastando o bicho. Nesse meio tempo lavei minhas roupas e tomei um banho demorado num riacho de águas espumosas das proximidades, fazendo em seguida minhas orações voltado para o Nordeste. Fogueira acesa porque já era tarde para seguir caminho, cozinhamos o animal, tirando antes dele todo o sangue e toda gordura, como era nosso costume. Nessa noite, o sono não chegou logo e pudemos, Firmino e eu, contar coisas das nossas vidas. Ele havia passado um tempo feliz com os dominicanos, na Bahia, e consentira afinal ser batizado para agradar a seus protetores, e como o nome Firmino pegara mais do que o nome antigo, Elijá, isso dera a algumas pessoas a idéia de que havia perdido sua fé muçulmana. E a verdade é que era muçulmano a seu modo, não tomava bebida fermentada nem comia carne de porco (alguém lhe disse na Bahia que a capivara era parente do porco, mas não havia acreditado nisso) e fazia suas orações diárias. Mas os dominicanos eram mais irmãos do que senhores para ele, e havia aderido à revolta porque na rebelião do Recôncavo, três anos antes, tinha visto muita maldade dos portugueses e baianos com os vencidos, inclusive com dois primos que receberam chibatadas dias seguidos, até que um deles morreu e o outro ficou capengando para sempre. Para se vingar, Firmino havia lutado agora.

Mas a liberdade, argumentei com ele, não era o que fazia a gente lutar, para ser livre e poder voltar para a África? Para ele não era. Não sabia o que era essa liberdade de que se falava.

"Os homens livres que eu conheço, os brancos do comércio negreiro, os comerciantes e padres da Bahia não são homens livres, mesmo quando procuram ser justos", falou Firmino de um jeito pensativo. "São escravos das idéias que carregam, do orgulho que sempre têm, do desejo que escraviza qualquer homem, do medo e da tristeza de a sua vida não ser aquela que queriam ter. Somente pensam que são livres, não são livres..." Firmino misturava português e hauçá, mas não movia as mãos quando falava. Parecia pregado ao chão e não levantava os olhos. Disse-lhe que os malês de Salvador tinham muita desconfiança dele e que havia até quem quisesse matá-lo como traidor. Firmino sorriu: "Sei disso, sei de tudo". Ficamos em silêncio um tempo, eu comovido com a sua sinceridade, ele aparentemente cansado. Depois me enrolei no cobertor, enquanto ele foi fumar seu umburu.

No outro dia chegamos, antes do meio-dia, às proximidades da fumaça avistada da serra. Andamos com cuidado pelo mato e descobrimos um quilombo pequeno, com uma clareira no centro, sem vigias à vista, e entre os negros percebemos muitos nagôs e pelo menos dois hauçás. Vimos mulheres lavando roupa num córrego, homens exercitando combate de lanças, crianças brincando com terra. Achei que não havia perigo em ir chegando pedir ao chefe local para ficar ali por um tempo, trabalhando e contando nossa história. E foi o que fizemos, depois de combinado. Ao entrar na aldeia fomos cercados por guerreiros armados que saíam correndo das casas portanto lanças, clavas e espadas. Não pareciam inimigos, apenas nos cercavam e empurravam de leve. Enquanto seguíamos devagar, eu tentava falar em hauçá a quem me parecia dessa nação, ou em português com os que pareciam escravos fugidos havia pouco. Fomos levados até uma casa de barro e sapê que parecia a maior do quilombo.

Havia ali cerca de duzentas casas, como depois contei. No centro de uma pequena praça, uma igreja de barro que me pareceu arte de gente de Angola. Um negro magro, de cabeça grande e que parecia o chefe permanecia imóvel e solene na única sala da casa onde nos recebeu. Soube depois que o chamavam rei Dió. Falava mal português, com um estranho acento lusitano, e queria saber tudo a nosso respeito, fazendo as perguntas em voz alta para que todos pudessem ouvir. Respondi a umas perguntas, Firmino a outras. Dissemos afinal que estávamos cansados e precisávamos comer alguma coisa. Nosso desejo era viver ali com os irmãos negros, e só tínhamos a oferecer o nosso trabalho. Dió perguntou se sabíamos lidar com armas de fogo e se trazíamos facas e pistolas conosco. Dissemos que sim, que tínhamos acabado de enfrentar a polícia baiana, em Salvador, trazendo algumas armas conosco. Por ordem dele, seguimos até lá acompanhados de cinco dos seus homens e indicamos o lugar da bolsa. Aí nos deram comida e um casebre com esteiras para descansar. Embora muito cansado, custei a adormecer por causa da grande quantidade de moscas no lugar e do cheiro de carne estragada em toda a aldeia.

À noite voltamos a falar com Dió, que estava acompanhado dos mesmos quatro homens que compunham seu comando. Na sua linguagem atrapalhada ele nos disse que a lei suprema do quilombo era manter a liberdade conquistada e que faltar a esse dever era o mesmo que desertar e trair a causa comum. Assim, qualquer deslealdade grave, como a fuga do quilombo, seria punida com a morte. Havíamos entendido? Sim, havíamos entendido. Éramos prisioneiros dele, não importava sua fala sobre liberdade. Pouco depois, estávamos conversando na porta do casebre, Firmino e eu, a respeito da situação, quando ouvimos um grito vindo de uma casa próxima do centro da aldeia. Um negro que não se afastava de nós e que respondia pelo nome de Isalo explicou-nos que era um capitão-do-mato que estava preso ali e tinha enlouquecido pouco antes de ser justiçado. A tradição dos angolanos não recomendava que se matassem loucos porque isso atraía desgraças, de modo que rei Dió ainda não sabia o que fazer com ele, porque soltá-lo na caatinga era impossível.

Também nessa noite custei a conciliar o sono, agora não apenas por causa do cheiro de carniça e da presença teimosa das moscas, mas porque fiquei imaginando o que faria com esse caçador de negros que talvez estivesse se fazendo passar por louco para não morrer. Claro que não acreditava na tolice de que matar um doido podia atrair infelicidade, mas a idéia de matar um homem para remediar seus erros estava um tanto abalada no meu espírito. Depois, havia ali qualquer coisa que podia me ajudar nos meus planos, embora ainda não entendesse claramente o que era.

No quilombo de Dió
1836

Galos cantando muito cedo me fizeram levantar ainda no escuro. Perguntei a um menino que ralava mandioca diante do meu casebre a direção do córrego onde podia me lavar. Ele olhou demoradamente meu rosto e apontou para além dos coqueiros que eu tinha visto ao entrar no quilombo. Passei por meia dúzia de pequenas casas de barro e ouvi o som da água correndo. No lugar mais escuro da touceira, de costas para mim e com água pela cintura, uma negra muito esbelta derramava água pelo corpo e se esfregava lentamente com um trapo. Cantarolava baixo uma canção iorubá que eu conhecia da infância. Fiquei a certa distância para não assustá-la, e depois de olhar aquele corpo pendurei minha roupa num galho próximo e me atirei na água de cabeça. Com as mãos na areia do fundo, pus as pernas para cima e me deixei cair. Repeti o exercício algumas vezes, e quando emergia lançava pela boca um jato forte de água. Quando me voltei em sua direção a mulher negra ria, cobrindo os seios grandes e rijos com as mãos. Tentei falar em iorubá, de que ela só sabia algumas palavras, e em seguida conversamos em português. Vivia no quilombo havia dois anos, desde que viera fugida de Jequié, e agora ajudava a criar dois filhos de uma irmã que estava muito doente, trabalhando na moenda do quilombo quando podia.

Nos dias que se seguiram não tornei a ver Olufeme. Descobri perto do casebre um monte de ossos de caça que eram a causa do mau cheiro, e com a ajuda de Firmino enterrei tudo, jogando cinza da fogueira por cima. Quando caía a noite sentávamos em torno do fogo e Dió me mandava chamar para perto dele a fim de que lhe desse notícias do mundo e da África. Contei a saga do meu avô na América do Norte, e ele pareceu fascinado. Percebendo que capengava um pouco da perna, quis saber se estava doente. Disse que não sabia se era feitiço ou algum mal do corpo, mas de um tempo para cá havia aparecido um caroço no seu calcanhar que doía muito quando ele caminhava. Olhei e reconheci aquilo que os mestres fulas chamam de "andito", coisa do sangue. Falei que talvez pudesse curá-lo em duas semanas, se confiasse em mim. Era só não molhar o pé nesse tempo, fazer um certo movimento com a perna todos os dias e beber uma infusão que eu ia preparar. Balançou a cabeça em silêncio e, depois de comer, fez várias perguntas sobre minha família e os fulanis em geral.

No dia seguinte andei pelo mato ao redor do quilombo procurando as ervas, até que encontrei a losna e o rosmarino de que precisava. Meti no bolso punhados dessas ervas e as fervi na panela que usava para comer. Depois procurei a entrada da casa-grande de barro onde vivia Dió, sendo barrado na porta por dois angolanos mais gordos que musculosos. Foram falar com o rei e vieram em seguida me buscar, fazendo mesuras. Fiquei surpreso com os móveis portugueses de madeira que guarneciam a sala em que Dió me recebeu. Sentado na cadeira de braços que me indicou ao lado da sua, toda revestida de couro escuro, falei da infusão e da freqüência com que devia tomá-la todos os dias. Depois ensinei os movimentos para aquela perna, que já não me lembro se era a direita ou a esquerda, os quais ele tinha de fazer duas vezes por dia. Desconfiado, mas querendo parecer cordial, Dió balançava a cabeça e sorria mostrando seus dentes quebrados. A sala cheirava a fumo de umburu. De volta a meu casebre, até o cair da noite estive costurando as camisas e as calças que Firmino e eu havíamos roubado dos varais de uma casa na margem do Paraguaçu. O silêncio do quilombo só era interrompido pelos berros do capitão-do-mato preso na casa redonda do centro da aldeia.

Nos dias seguintes conheci pessoas que ainda não havia encontrado no quilombo, entre eles um hauçá velho demais para ser escravo, com a pequena barba em ponta que é tão comum, no seu povo, grisalha como carapinha. Quando passou por mim estando eu sentado no chão trançando um balaio para atender um vizinho, fiz-lhe um cumprimento em hauçá. Espantou-se, respondeu rapidamente e se afastou. Depois de caminhar um pouco, voltou-se para me olhar. Outro que não tinha visto ainda era um índio apiacá, como aqueles poucos que na Bahia falavam a língua chamada tupi e não aceitavam se converter ao cristianismo. Falamos ligeiramente, e ele me contou que tinha chegado ao quilombo havia um ano, vindo do Oeste fugido de um bando de mineradores brancos, depois de ter escapado de um engenho do diabo. Seu povo vivia muito além dos tabuleiros que os portugueses chamavam de Espigão, há muitos dias de viagem de onde estávamos.

Uma noite em que tinha decidido dormir mais cedo para começar no outro dia um roçado num pedaço de terra que me emprestaram, Dió mandou um dos seus lanceiros me chamar. Sentei a seu lado e fui recebido com um sorriso que mostrava duas fileiras de dentes quebrados e escurecidos. Apontou o calcanhar de onde tinha sumido o caroço e me disse que já estava andando normalmente. Pedia que me mostrasse onde podia encontrar as ervas, caso a doença voltasse, e se levantou com seus guardas. A comitiva vinha atrás de mim e de Dió. De longe, Firmino observava tudo, entre espantado e divertido. Mostrei-lhe o rosmarino e a losna no meio do mato, mas acrescentei que sem as orações que precisavam acompanhar o cozimento eles não produziam seus efeitos benéficos. Dió me perguntou se podia ensinar-lhe as orações, mas lhe respondi que entre o meu povo isso passava de um sacerdote para o outro, e nos lábios de um estranho seriam perigosas.

Isso podia não ser verdade, mas era útil a uma boa causa, pensei. Voltamos para junto da fogueira, onde comemos e tomamos água-de-coco durante muito tempo. A pedido meu, Firmino ganhou um bom pedaço do peixe cozido no dendê que estava sendo servido aos mais importantes do grupo. No fim da noite, quando alguns já se recolhiam aos seus casebres, disse a Dió que poderia ajudá-lo a resolver o problema do capitão-do-mato que era seu prisioneiro. Poderia talvez curá-lo da sua loucura, e aí o quilombo poderia matá-lo sem preocupações. O rei concordou não sem alegria, mostrando seus cacos de dentes enegrecidos. De fato, no dia seguinte fui levado por três guardas até o casebre do prisioneiro e, a pedido meu, deixado sozinho com ele, com dois homens de Dió postados na porta aberta da prisão.

Era um mulato forte, de bigode basto e barba muito rala no rosto, que logo que me viu começou a gritar e a virar os olhos nas órbitas. Fiquei olhando para baixo até que ele se calasse e na primeira oportunidade comecei a falar em voz baixa. Disse que também era prisioneiro naquele quilombo e que nada me ligava ao rei Dió. E acrescentei que não havia acreditado na sua loucura desde que o ouvi gritar, porque não era assim que os loucos agiam, e que se ele voltasse a berrar ali quebraria todos os seus dentes para que ele ficasse parecido com o rei Dió. E lhe perguntei então se tinha se dedicado a caçar escravos fugidos porque não sabia fazer mais nada na vida, ou porque não gostava dos negros. O homem me olhou assustado e depois de gaguejar contou que fazia aquilo porque lhe pagavam bem, mas que não gostava do que fazia e se sobrevivesse não queria mais ser capitão-do-mato. A mim me pareceu verdade aquilo dito assim com tanta emoção, as lágrimas descendo por seu rosto. Disse-lhe então que ia conseguir sua liberdade e que ele deveria continuar a se fingir de louco. Não precisava gritar tanto, mas deveria manter a boca sempre aberta e rir com maior freqüência, deixando escorrer a saliva sobre o peito. Era assim que o loucos faziam, quando eram de fato loucos. Com isso ele poderia ir embora, mas se algum dia soubesse que tinha voltado a prender escravos fugidos, eu o encontraria e acabaria com ele. Concordou, chorou um pouco mais em silêncio, tentou beijar minhas mãos, mas me afastei, saindo do casebre.

Fui até Dió no seu "palácio" e lhe disse que o homem tinha aquele tipo de loucura que era castigo mandado do céu, e que portanto era incurável. De fato, se ele fosse morto o quilombo seria destruído pelo céu em um mês, tendo como instrumento as volantes da polícia ou o crescimento dos rios. O remédio era soltá-lo para que ele pudesse penar seu destino de louco pelo mundo. Na mesma noite, o capitão-do-mato Pedro foi empurrado até a caatinga e deixado lá com uma lança e um bolo de mandioca. Dió tinha esperança de que uma jaguatirica o encontrasse na noite, porque ele merecia isso, e nesse caso já não seria mais responsabilidade sua ou do quilombo a sua destruição. Aconselhei a lança para não parecer ao céu que Dió estava empurrando a responsabilidade daquela morte. Com isso o rei ficou me devendo mais um favor e eu me convenci ainda mais de que era fácil levá-lo para onde quisesse, desde que soubesse agir. Sabia que se perdesse a fé em mim de um modo que lhe parecesse definitivo, podia ordenar minha morte na mesma hora. E a partir disso tivemos, Firmino e eu, uma longa conversa no nosso casebre comum, naquela noite.

Minha idéia era sair dali para outro quilombo que sabia existir mais a sudoeste, naquele rumo que o índio de fala tupi havia indicado e para o qual as informações dadas por meu irmão espiritual Batanhos, na vila de Cachoeira, tinham apontado. E foi sussurrar o nome de Batanhos para me lembrar novamente do *Mantic uttair*, com seus pássaros sábios ou ignorantes, descortinando a vida e o mundo para o pequeno aprendiz em Timbo. Então, sairíamos dali de bem com Dió e com a sua ajuda, para passar um bom tempo no quilombo prometido, ou talvez ficar ali para sempre, conforme Deus mandasse. Firmino concordou e me disse sorrindo que queria continuar com o seu destino ligado ao meu, se eu lhe desse essa honra e Deus permitisse, mas antes eu tinha de me firmar como homem de confiança do pequeno rei daquele quilombo. Deitado de lado, dormi enquanto ele ainda falava sobre a presença assombrada da escravidão em todo lugar onde se chegava. A voz de Firmino e o corpo daquela mulher tomando banho no rio se misturaram em alguma coisa ligada à salvação do mundo. Só que aí não era mais a conversa de Firmino que eu seguia, era já um sonho meu que me mostrava uma jovem negra nua sob uma cascata de espuma.

Acordei de manhã com o nome de Olufeme na boca. Vaguei entre o casario até a margem do riacho, certo de que ia encontrá-la. Havia muita pobreza, muita sujeira e indiferença no quilombo de Dió. Por que os fulas e os hauçás eram em algumas coisas tão diferentes de outros negros vindos da África? Eram iguais na infelicidade, na injustiça e no sofrimento, mas diferiam bastante no amor à organização, no espírito de luta e nessa coisa obscura chamada orgulho, que o Profeta justificava quando a causa era a de Deus. Não porque tivessem nascido diferentes, mas porque se criaram submissos e apáticos, às vezes. Nós homens das montanhas, eles filhos do deserto, fulas e hauçás se pareciam. Viemos de longe, segundo a lenda, atravessamos o grande areal durante muitos anos, e a areia nos deu esta cor de cobre e este espírito de guerreiro que os demais não têm.

Olufeme, Olufeme, seu torso tinha a mesma cor do meu, mas era delicado e mais flexível. Como as ondulações das montanhas do Futa, que pareciam corpos de mulher e inspiravam os pastores e os semeadores fulas que dormiam ao relento e que na sua solidão viam seios e ancas de mulher. A história de Majnun contada por Farid Udin-Attar era agora a sua história. "Um homem que amava a Deus viu um dia Majnun esquadrinhando a terra e lhe falou: 'O que procuras, Majnun?'. A resposta foi essa: 'Procuro por Laila a vida inteira'. E o outro, muito admirado: 'Como esperas encontrar Laila revirando a terra?'. Então Majnun respondeu: 'Eu busco Laila em todos os lugares, na esperança de um dia encontrá-la em toda parte'." Não queria fazer de Olufeme a minha Laila, porque a Laila da parábola de Udin-Attar era a verdade que paira em toda parte, e quanto mais está presente mais parece uma miragem, sendo preciso buscá-la sem esforço nenhum. Olufeme por enquanto era a beleza, era promessa de deleites sem fim. Mas o riacho onde a vi há apenas dois dias tinha agora uma aparência pobre e quase suja, sem o mistério da presença dela.

No caminho de volta vi o índio apiacá com quem tinha falado. Contei-lhe sobre a revolta dos escravos na Bahia, quando me interrogou sobre o ferimento que viu cicatrizando em meu dorso. Barê me olhava com espanto e falava de medo e de coragem. Vinha do Sudeste da província, tendo fugido de uma fazenda dominada pelo Caipora em forma de mulher. Andou muitos dias pela caatinga para escapar dos diabos que o Caipora mandou para matá-lo. Ora se apresentava como mulher, ora era o próprio Caipora, repetia Barê com os olhos arregalados. Fiz perguntas e ele me deu mais detalhes: tinha as feições de um índio, mas era anão, coberto de pêlos negros por todo corpo e andava montado num porco. Quem o encontra sabe que vai ter infelicidade pela frente. Era esse Caipora que tomava a forma de mulher e dominava uma fazenda no caminho do Espigão. Como mulher ele assumia o nome de Donana e era baixa, peituda, de rosto ainda bonito e andar ligeiro. Usava brinco de ouro e muitos anéis nos dedos das mãos, botas com esporas, revólver na cintura, e fumava um pito que nunca se apagava. Todo homem do sertão tinha medo dela por causa das suas transformações e dos seus poderes.

Já começava a anoitecer e Barê não parava de falar. Seus olhos estavam avermelhados e no canto da boca havia uma pequena espuma branca. Pensei que ele fosse cair morto ao meu lado quando parasse de falar, mas não; quando se cansou ele se afastou sem se despedir, as pernas trêmulas e os olhos inquietos. Firmino estava acocorado no casebre quando entrei, e entendi que queria me falar alguma coisa. Fazia calor, ficamos perto da porta e ele afinal falou. Achava que só podíamos sair dali com a concordância de Dió, senão o rei do quilombo mandaria em nossa perseguição gente que sabia andar na caatinga melhor que nós. Mas isso não podia demorar muito porque a dor no tornozelo do rei podia voltar de repente e convencê-lo de que minha medicina não prestava, e aí eu perderia o respeito dele. Eram ponderadas as palavras de Firmino, e eu lhe disse com franqueza que me entristecia partir agora que tinha conhecido uma mulher que queria possuir por muito tempo, e lhe falei de Olufeme. Firmino parecia preocupado, mas não disse mais nada. Depois de me ouvir, balançou a cabeça demonstrando que havia entendido, e se ajeitou para dormir. Fiquei pensando até tarde nas razões todas que ele havia me apresentado. Agora estava certo de que podia confiar naquele companheiro de viagem, que os hauçás da Bahia tinham jurado de morte porque o julgavam traidor da nossa causa. Aquela pressa de concluir, a qual parecia grudada nos corações dos homens de religião que eu ia conhecendo, até mesmo no seio do Islã, era um veneno perigoso no sangue dos meninos que de fato nós éramos.

Duas noites mais tarde falei com Dió na roda em torno da fogueira. Vi que minha recomendação para que não fizesse muito exercício e o chá que lhe tinha dado tinham reduzido seu inchaço no calcanhar. Dió me contou que um dos seus soldados tinha visto a Mãe do Ouro na madrugada do dia anterior, mas que só contou isso a ele no dia seguinte, de modo que não pôde fazer o pedido que se faz durante a aparição. Cortei o que ele estava dizendo para afirmar que tinha visto também a Mãe do Ouro porque estava acordado de madrugada, fazendo orações, o que não era verdade, mas me ajudava no momento. Fizera pedidos a ela enquanto sua luz azulada ainda riscava no céu, antes que desaparecesse no horizonte e levantasse seu clarão branco final. Entre os pedidos estava o da cura do bom rei Dió. Ao ouvir isso, o chefe do quilombo abriu seu sorriso terrível e pôs a mão na minha cabeça como se me abençoasse. Disse-lhe que ia ficar curado, mas isso ainda demoraria um mês, e era preciso continuar o repouso moderado que lhe tinha recomendado, bem como tomar diariamente o chá de losna e rosmarino que eu já havia benzido. Dió prometeu, agradecendo, e em seguida mandou que me trouxessem um frango assado no espeto, que comi sem moderação.

Depois de rondar durante dois dias o riacho, olhando as meninas e velhas que se banhavam naquele lugar sombreado, vi de novo Olufeme se enxugando, de cabeça quase encoberta como se estivesse envolta num xale. Riu quando me percebeu chegando e falamos no frio da água daquele riacho que vinha de um lugar alto na serra. Os sobrinhos iam bem, agora estavam ajudando muito em casa, a menina era trabalhadeira. Combinamos nos encontrar naquela curva do riacho mais tarde, quando estivesse escuro, e de fato ouvi primeiro sua respiração quando cheguei, para somente depois vê-la no breu da noite. Laila era noite em árabe, Laila era também a sabedoria que estava além do pensamento. Deitamos no capim e mal percebemos que ele estava molhado da chuva que havia caído à tarde. Via no escuro as formas daquele corpo forte e elástico, deitava-me sobre ele e era como se não lhe pesasse. Olufeme me recebia no seu regaço como as mulheres da África havia cem séculos, ou muito mais. Deus estava abençoando aquele casamento.

Nas noites que se seguiram, dormimos no mesmo lugar perto do riacho. De manhã, Firmino me esperava no casebre com um pedaço de peixe salgado e uma xícara de leite de cabra. Aí conversávamos sobre nosso projeto de seguir viagem. Aos poucos, desisti da idéia de levar Olufeme e os sobrinhos, porque a marcha pela caatinga não era boa para mulheres e crianças. Era melhor que nos víssemos de novo em alguma cidade das Minas Gerais que estivesse no nosso caminho, mas eu teria de negociar isso antes com Dió. Que cidade podia estar num caminho que ainda não havia sido traçado? E em que tempo? De madrugada, falei a respeito com Olufeme e ela aceitou a idéia desde que eu conseguisse a concordância de Dió. Sem isso parecia perigoso, e ela temia pelas crianças.

Agora tínhamos o costume de conversar até o amanhecer, depois de nos devorar um ao outro no capim junto ao riacho. Numa dessas madrugadas, Olufeme me falou de um adivinho que a aconselhou a não ir muito longe durante cinco anos, porque isso podia trazer-lhe a morte. Deveria ficar onde estava pelo menos por esse tempo. O mesmo adivinho lhe disse que seus filhos seriam grandes guerreiros, seguindo o destino do pai. Contei-lhe da adivinha de Salvador, que me puxou para um canto na Ladeira do Barroso e me fez uma porção de adivinhações em que nunca acreditei muito, mas que havia gravado na memória. Primeiro eu teria uma grande queda. Seria a derrota de Água de Meninos? Depois, iria "procurar uma prisão de amor" e custaria muito a me libertar dela. Olufeme sorriu: não seria ela, podia ter certeza, que ia me prender. Mas havia coisas boas para o futuro, dissera a adivinha. Podia ver uma cidade imensa, uma família grande e um retrato meu em todas as paredes. Ficamos em silêncio e eu brinquei: "Procura-se negro fugido". Rimos os dois por algum tempo, antes de retomar as carícias.

Quando Dió nos convidou, a mim e Firmino, para um grande jantar com o qual queria celebrar umas compras que havia feito nas vizinhanças, achei que tinha chegado o momento de falarmos. Essas "compras" eram na verdade roubos feitos pelos homens de Dió nas cidades e fazendas da vizinhança. Ele deveria estar atraindo a atenção do governo da província para o seu quilombo, e era fácil prever que em alguns meses um grupo armado chegaria até onde estávamos com ordens para arrasar tudo. Mandei perguntar a Dió se podia convidar também para a ceia uma mulher com quem eu queria me casar e também os sobrinhos dela, e ele, depois de me mandar perguntar o nome da mulher, respondeu que sim. Falei com Olufeme, que pareceu muito feliz com a homenagem. Na noite da ceia estávamos lá de roupa lavada e camisa passada a ferro de carvão, cinco negros bonitos e muito sérios.

Dió mandou servir o vinho de palma, que o branco não suporta, mas é bebida apreciada desde o Benin até o deserto, na África banhada pelo Atlântico. Bebida fermentada mas deliciosa, que aumentava a fome. Tinha mastigado antes folhas de castanheira amarga e gengibre, de modo que não estava tão faminto quanto os outros. Comemos angu, mufete de peixe, pirão, formiga torrada e farinha musseque. Para os sobrinhos de Olufeme, muito educados, eretos sobre as pernas cruzadas na esteira, havia doce de leite, que na minha terra se chamava jinguba. E aquelas papas açucaradas de milho e coco, o matete, que as crianças apreciam. Dió estava radiante com seu tornozelo aparentemente curado. Quanto a mim, tinha certeza de que aquilo voltaria, e voltaria forte, portanto era preciso aproveitar agora. Ele queria falar da própria saúde e me disse que estava emagrecendo nos últimos meses. Disse-lhe que continuasse a fazer um certo jejum e que repousasse aquela perna o quanto fosse possível.

Contei, então, que havia recebido uma missão dos anjos. Teria de visitar muitas cidades da Bahia e das Minas Gerais para fazer algumas curas. Curas do corpo e da alma, claro, cura de gente que tinha um papel a desempenhar na vida e que precisava ter sua saúde preservada. Essa era minha missão e queria contar nela com a sua ajuda. Eu me ausentaria do quilombo levando Firmino comigo, e um ano depois retornaria. Se Dió me desse mantimentos para a viagem e algumas armas, estaria prestando auxílio aos anjos que me deram a tarefa, mais do que a mim, eles que eram provedores da saúde humana. Deixaria no quilombo minha mulher Olufeme e seus sobrinhos e pedia para eles uma consideração especial. Que o rei lhes desse proteção e lhes garantisse o respeito dos outros. Tinha vontade de partir em três dias, rumo ao Sudoeste. Dió baixou a cabeça, acariciou o tornozelo curado e me olhou nos olhos como uma criança que vai fazer um pedido. "Vou ajudar você, mas quero um favor dos seus anjos", falou, emocionado. "Queria recuperar a visão neste olho", e apontou o olho esquerdo. Percebi então pela primeira vez que ele era cego daquele lado, esse tipo de cegueira que chega aos poucos e que nada consegue curar, e que com muita freqüência atinge também o outro olho. Balancei a cabeça, confirmando o acordo. Daria o remédio, faria as preces e ele ia recuperar a visão perdida. E eu partiria dali a três dias, rumo ao Espigão.

Depois do jantar fui com Firmino e Olufeme até meu casebre, para comentar o sucesso do plano. No caminho, ela atrasou o passo para me fazer uma pergunta e ele se inclinou para ouvir minha resposta.

"Os anjos... os anjos... é verdade isso?", perguntou ela, segurando meu braço.

Disse-lhe que em grande parte era verdade, mas que eu não sabia exatamente que parte era verdadeira. Ela e Firmino sorriram e ficaram sérios em seguida. Eu mesmo não via motivo para rir.

"E nós...", disse Olufeme, olhando nos meus olhos, "se ele não ficar curado da cegueira?"

Ela falava de Dió. Ficamos os três muito quietos, iluminados pela chama amarelada de uma lâmpada de óleo. Afinal, falei: "Ele vai ficar bom". E todos nos sentimos mais leves. Naquela noite dormi novamente com Olufeme, sobre o capim na mesma curva do riacho. De manhã, procurei de novo o índio apiacá para pedir mais informações sobre o caminho. Barê me disse que eram nove dias de caminhada na direção em que o sol se põe no meio do ano, entre o sul e o oeste, até encontrar um imenso rio que em tupi se chama Tuiúna. Difícil de atravessar, tem de fazer barco de tronco do ipê e rezar muito. Cuidado com as formigas "tesoura" pelo caminho, que pegam a gente dormindo. A fazenda do Caipora fica numa grande ilha de rio, mas isso só quem conhece a região é que descobre. E cuidado com o demônio que se disfarça de mulher.

Na última noite no quilombo de Dió vi o fantasma de meu pai. Havia chegado ao lugar do encontro com Olufeme uma meia hora adiantado. Percebi alguma coisa clara se movendo entre duas árvores e pensei primeiro que era minha mulher chegando vestida de branco, mas logo vi pelo modo de andar que era um homem. Fiquei de guarda, enquanto apalpava o facão na cinta. Não pensei em aparição ou qualquer coisa assim, porque minha fé sempre me afastou de crendices, mas o homem que se aproximava não mexia as pernas para caminhar. Tinha a barba grisalha em ponta, tal qual meu pai, e como parou a uns dez metros de mim e me olhou sorrindo, tive a certeza de que era ele. Os cabelos da minha nuca se eriçaram, enquanto largava o cabo da faca e meus joelhos se dobravam como se quisesse orar. Era Al-Hussain, filho de Ibrahima, de quem eu tinha o nome, nascido e criado no Futa Jalom, ali em pé diante de mim e se esforçando para me dizer alguma coisa, o que não conseguia. Não sei quanto tempo ficamos um olhando para o outro. Quando ouvi a voz suave de Olufeme, despertei do estupor em que estava quase mergulhado. Ela estava assustada com o tremor que me percorria o corpo e com o suor que me escorria da testa. Descrevi a visão e ela me abraçou, chorando.

"Muçá, Muçá, tenho medo de isso ser um aviso agourento", falou, enquanto soluçava.

"Ele vai voltar qualquer dia, e aí a gente vai saber", falei com voz firme, procurando tranqüilizá-la. Sorri brincando com o medo que ela demonstrava, sabendo que tudo era pensamento, e a levei para a curva do riacho onde escondera nossa cama de capim.

No outro dia de manhã a partida foi festiva. Dió compareceu com seus ministros e me abraçou longamente. Os sobrinhos de Olufeme pediram minha bênção, enquanto ela me seguia até a entrada do quilombo. O índio Barê me deu um colar de contas que trazia sorte, e alguns conhecidos do quilombo acenaram para nós. Firmino ia mais carregado do que eu, com a maior parte das provisões dadas por Dió. E o rei me pediu até o fim que não se esquecesse dele nas minhas conversas com os anjos.

"Alá iá gafarta malam", dizia alguém em voz alta no meio do grupo, num hauçá bem pronunciado.

"Alá sabinana", respondi sorrindo, saudando em fula.

"Que Deus esteja à sua espera no último dia", Firmino repetia, agora em português. Dois guardas de Dió caminharam conosco uma légua, depois se despediram fazendo mesuras e voltaram para o quilombo. Caminhamos até uma hora da tarde e paramos para comer alguma coisa. Firmino parecia muito triste e fazia tudo lentamente. Por que isso? Não sabia dizer, estava triste, era tudo o que sabia.

Lembrei no momento das queixas do décimo primeiro pássaro do *Mantic uttair*, que tinha tudo de memória desde a infância. Traduzi em português para Firmino, enquanto comíamos sob uma jaqueira. Um pássaro-dervixe que já tinha lido os livros sagrados e era considerado sábio, perdera todo encanto pela vida. Procurava a beleza que o deslumbrava antigamente e não a encontrava. Perguntou então à poupa o que devia fazer. "Teu orgulho te tornou insensato", disse a poupa. "És arrogante porque te julgas um ser incomum. Na verdade estás mergulhado na pena de ti mesmo, e é melhor que te apresses, pois a negligência das coisas do espírito e o amor do mundo passam num momento. Já que o mundo deve passar, passa tu adiante." Firmino havia deixado o que comia de lado e me olhava fixamente. Prossegui falando, antes de levar algum alimento à boca: "Abandona o mundo e não te voltes para olhá-lo, pois o coração que se apega ao que é passageiro não participa do caminho espiritual". Era como se tudo mais tivesse perdido o significado. Ficamos em profundo silêncio algum tempo, depois me levantei. Arrumamos tudo e seguimos. Firmino parecia ter recuperado a antiga energia.

Andamos por sete dias e derrubados pelo cansaço dormimos sete noites. Ao cair da sétima noite havíamos acampado depois de cruzar um pequeno rio. Um nevoeiro denso havia descido sobre a caatinga e só podíamos ver os arbustos mais próximos. Imaginava que estava seguindo na direção certa, mas não tinha certeza. Não tendo encontrado um único engenho no caminho onde alguém me orientasse sobre o rumo que estávamos tomando, calculava nossa caminhada pelo sol e pelas estrelas. Nessa noite não havia estrelas de todo, e eu me perguntava se tínhamos feito algum desvio sem perceber. Havíamos cruzado dois pequenos rios, o último dos quais ainda estava bem próximo porque podíamos ouvir suas águas cantando nas pedras da margem. O fogo custou a pegar, por causa da umidade, mas afinal acendi uma pequena fogueira antes de me enrolar no cobertor para dormir.

Acordei pouco depois com o corpo sendo sacudido por alguma coisa. Peguei no facão de mato e toquei com meus pés nos pés de Firmino, mas ele já estava sentado, olhando em volta.

"Muçá, está tudo se movendo aqui...", disse ele, a voz rouca. Ficamos em pé, assustados. De fato, onde era possível ver ao redor, estava tudo imóvel como de costume, mas uma certa tonteira nos dava a certeza de que o chão estava dando voltas lentamente. E o som distante da água do riacho que cruzamos estava agora muito mais próximo.

"Vamos ver isso, depressa", falei. Pegamos nossa carga, penduramo-na nas costas e caminhamos lado a lado em meio à neblina que persistia. Era como se entivéssemos num grande barco, porque o chão não apenas girava como subia e descia lentamente. Vi umas sombras passarem mais adiante, no meio da cerração. Eram árvores grandes que ficavam para trás, e havia água, muita água à nossa volta.

"Estamos...", comecei a falar, olhando para os lados, "estamos numa ilha flutuante num grande rio. Já vi isso antes no Paraguaçu. Venha para cá...", e Firmino me seguiu, correndo.

Nossa ilha navegava num rio imenso, aquele rio de que Barê havia falado. Pena que era noite e havia muito nevoeiro. Tínhamos de ficar juntos senão íamos nos perder no escuro das águas. Agora havia lama pelos nossos tornozelos. Uma árvore bem à frente começou a entortar lentamente.

"Vamos subir nessa aqui", falei para Firmino, e galgamos de lado o tronco, segurando nos galhos que ficavam para cima. Em pouco, já não víamos terra, era só a grande árvore navegando em meio à torrente amarelada, e o resto era treva em torno. Perdemos uma sacola de comida e outra que levava farinha ficou molhada, talvez perdida como alimento. Uma meia hora depois, nossa barca navegava mansamente na noite, e nós estávamos bem tranqüilos montados nela. Logo depois ela tocou num barranco e parou. O nevoeiro havia sumido, e um quarto crescente no céu clareava uma praia de rio de areias escuras. Era terra firme, provamos com os pés enlameados. Saltamos, e eu propus que descansássemos um pouco para enfrentar a caminhada do dia seguinte. Não foi possível acender fogueira, mas atamos o grande tronco e uma árvore da margem, para qualquer emergência. Sonhei com a doçura imensa do rio Níger naquela noite.

Notícias de Donana
1836

Nunca vou me esquecer do que primeiro meus olhos viram na manhã daquele dia. As águas colossais que se moviam devagar diante de nós eram de um amarelo-claro, cortadas no sentido da correnteza por manchas pardas muito escuras. Era a enchente de um grande rio, um rio do qual não me lembrava o nome, mas que depois ia se atravessar no meu caminho. Havia esquecido o apelido indígena daquele gigante, dito pelo índio Barê no quilombo duas vezes. Quase não via a outra margem, mas além dela podia entrever um fundo azulado de serra e no primeiro plano um renque de palmeiras, a cerca de duas léguas de onde eu estava.

Não tínhamos deixado, de fato, a margem direita desse rio, enquanto navegou a nossa ilha flutuante, e ainda era preciso atravessá-lo para seguir o caminho que tínhamos decidido tomar. Durante parte da manhã andamos pela margem, pensando em como cruzar o caudal. Concluímos que era mais fácil fazer uma jangada com os troncos soltos que iam passando na correnteza, além de com a madeira macia que achássemos no mato, e ficamos algumas horas com água pelo peito tirando do rio o que era possível aproveitar e juntando tudo na areia da margem.

Escolhemos sete paus leves e roliços que ligamos com cipós em forma de grade, unidos todos por cavilhas que esculpimos de troncos. Os remos foram feitos por mim em pouco tempo. Até um banco de madeira dura inteiriça Firmino teve o cuidado de fazer e de prender ao chão do nosso barco. Por volta do meio-dia, a correnteza já nos levava lentamente para o Norte, e quando a tarde terminou num poente vermelho sobre o arvoredo da outra margem, remávamos com todas as nossas forças até que a jangada encalhou no areal. Comemos e dormimos na praia. Olhando as estrelas no céu, conferi se havíamos saído muito da rota e imaginei um pouco no palpite que ainda podíamos avançar alguma coisa rio abaixo, para depois seguir rumo leste andando em linha quase reta até o lugar que eu desejava atingir.

De novo na jangada, procuramos nos manter bem próximos da margem esquerda. Na praia e nas árvores mais altas daquele lado víamos animais refugiados da enchente — calangos que buscavam cigarrinhas nos troncos, dois tatus correndo, uma garça alçando vôo, patos-do-mato e uma revoada de bicos-de-lacre passando de uma copa a outra das árvores. Seria uma ilha ou terra firme? Quando começou a escurecer e vi da proa a estrela Dalva nascendo do meu lado direito, achei que tínhamos avançado demais e fiz sinal a Firmino para que levasse a jangada para a margem. Era hora de descansar novamente, o dia tinha passado como um relâmpago em meio a tanta lida. Como por ali estivesse mais seco, acendemos uma fogueira maior que de costume. Com o céu noturno limpo de nuvens, fiquei estudando as estrelas que no deserto a gente aprende a conhecer desde pequeno, mas que entre os portugueses somente os navegantes conhecem. Fizemos as nossas orações na fresca da noite, voltados para o Nordeste, depois comemos umas frutas e fomos dormir.

Foram seis dias de caminhada, além do rio. Lembrava agora o nome que o índio apiacá havia dado ao rio: Tuiúna. Depois dele, a caminho do Espigão, ficava o que Barê chamava "o maior engenho do mundo", e era para lá que nós íamos. Ao cabo desses seis dias eu estava convencido de que o índio havia se enganado quanto à distância que tínhamos de percorrer e talvez tivesse mentido sobre os mineradores brancos que o tinham perseguido até o rio. Não tinha certeza, mas havia qualquer coisa mal contada em toda a história que aos poucos ele havia completado.

Nada falei com Firmino a respeito, porque a verdade é que enquanto caminhávamos pouco se falava, e quando estávamos descansando prezávamos o silêncio. Isso era natural em nós e nisso também combinávamos muito. Nunca ouvi uma queixa do meu companheiro de viagem contra os espinheiros do sertão que martirizam os passantes, cortando devagar a pele de suas pernas e de seus braços, nem sobre a canseira de andar, acampar e seguir andando, nem a respeito da pouca comida que ainda nos restava e muito menos sobre a incerteza do que tínhamos pela frente. Renovava minhas esperanças quando orava, naquela época três vezes por dia, e penso que mentalmente Firmino fazia o mesmo de seu lado.

Colhíamos mandacaru e figo-da-índia para comer e manter úmida a boca, ao fim da jornada. Acho que foi no sexto dia, quando fazíamos uma refeição sob um buritizeiro, que fomos atacados e quase aprisionados. A rede que caiu sobre nós apanhou somente Firmino, mal atirada que foi, tendo sua borda resvalado nos meus joelhos. Levantei de um salto, já com o facão em punho, e com dois movimentos, graças a Deus precisos, espetei uma barriga e fiz um corte na rede. Vi um rosto de mulato-claro, meio coberto pelo chapéu, e plantei nele meu pé com o máximo de vigor de que fui capaz, saltando de lado para examinar a situação. Eram quatro sujeitos, e um deles já estava deitado de bruços, sangrando, enquanto Firmino saía pela abertura que fiz na rede e passava a faca no pescoço do mais escuro, seguramente um escravo a serviço do homem de chapéu, um capitão-do-mato.

Lutávamos em silêncio, usando as facas e os pés como armas, e logo havia dois homens no chão e dois correndo em direções diferentes pela caatinga. O de chapéu ia longe, mas ainda era possível pegar o negro que ia no rumo oposto. Saltei pedras, arbustos e touceiras, tentando balançar a faca maior na mão para dar a ela direção, mas o homem estava certamente acostumado a fugir no agreste, porque corria em ziguezague e dava pequenos saltos depois de mudar de rumo. A certa altura me pareceu que ele ia gingar para a direita e atirei a faca pequena que estava na minha cintura. O pequeno balanço que fez pôs à frente da lâmina seu ombro esquerdo, e ele gritou, contraindo-se de dor e caindo diante de mim. Com o pé no seu pescoço e o facão quase perfurando-lhe a barriga, fiz algumas perguntas, e como já surgisse na pele onde a arma afundava uma gota de sangue, ele respondeu ofegante o que eu queria saber. O capitão-do-mato Henrique, que havia escapado, caçava escravos fugidos ou negros alforriados de outra região, para um engenho. Havia um "D" marcado a ferro no braço do homem que eu interrogava, e isso me fez pensar no índio Barê uma vez mais. Explicou que era do Engenho Malemba, de nhá Donana, a viúva mais rica e poderosa de todo aquele leste do Espigão.

Levantei o homem pelo longo cabelo crespo e de leve espetei-lhe a faca na barriga, de onde escorreu um filete de sangue. Chamava-se Matias e era um mina do rio das Velhas, vilarejo mais ao sul. Escravo de Donana, agora estava ajudando o capitão Henrique a pegar negros fugidos e novos para o engenho, onde havia falta de braços para muito trabalho.

"Leve até ela um recado meu", falei, quase colando meu nariz no dele. "Diga a essa Donana que sou homem livre e quero ser guerreiro dela no Engenho, em troca de teto e comida, pelo tempo que quiser. Diga que os "soldados" dela são muito fracos e que, se o seu engenho é defendido por gente desse tipo, ele não vai ter muito futuro. Pode dizer isso a ela. Meu nome é Muçá, fui mestre-guerreiro do meu povo fula, na África. Qualquer dia desses vou fazer uma visita a ela no Engenho..." Afastei a arma, o escravo caminhou uns passos e se voltou para mim. Fez uma mesura de agradecimento por ter poupado sua vida e sumiu entre os arbustos da caatinga.

Firmino queria saber o que iríamos fazer com o escravo ferido por ele no pescoço. A ferida não era grave e eu mesmo tratei dela enquanto interrogava o homem para confirmar o que o outro me havia contado. O escravo morto por mim quando escapei da rede estava caído ao lado do nosso pacote de alimentos, a mão crispada no pescoço. Senti compaixão por aquele pobre, que só conheceu trabalho pesado sua vida inteira. Mas aos poucos fui sabendo que Donana era viúva e proprietária do engenho e da plantação de cacau Malemba, que seu finado marido, Antonio Paraíso, havia transformado quase num reino nos confins da província da Bahia, ao longo de muitos anos. Quando se casou com ele Donana era menina e hoje é uma senhora, às vezes feia, às vezes com muita graça, mas sempre muito má. Não havia negros livres na Malemba, isso era certo.

Dei ao escravo do capitão-do-mato o mesmo recado que havia dado havia pouco ao preto mina para que levasse até Donana. Quando ele correu para o mato feliz por estar vivo, Firmino e eu enterramos o morto e seguimos caminho. Nos dias que se seguiram, pouco falamos a respeito do ataque e rigorosamente nada sobre outros assuntos. Gostávamos os dois de caminhar em silêncio, desviando o corpo dos espinheiros e olhando o chão onde pisávamos. Choveu pesadamente duas vezes, sempre por volta do meio-dia, mas a água era depressa absorvida pelo chão sedento, de modo que nunca havia lama sob nossos pés.

No segundo dia, após a chuvarada vimos um arco-íris ligando duas colinas com seu anel colorido, uma em cada canto da paisagem. Só Alá que é o Deus único e está em toda parte podia ter pintado esse quadro. Bem no meio da paisagem vimos um bosque de umbuzeiros muito viçoso, onde paramos um instante para molhar os pés num regato. Toda aquela beleza me amoleceu o corpo e eu quis descansar. Firmino pareceu espantado porque não era meu costume repousar durante a jornada. Eu mesmo não sabia o que estava sentindo desde o instante em que vi o lugar. Recostei num pé de umbu que parecia chamar meu corpo e penso que adormeci um instante. A visão do arco-íris havia mexido em alguma recordação escondida que não conseguia descobrir qual era, embora ela me acenasse vagamente. Era alguma coisa da casa de Totonho Malasartes, em Salvador, a partir de sua varanda banhada do sol da tarde onde eu trabalhava tecendo vime, engomando roupa ou conversando. Era isso, o próprio Malasartes chegando da rua todo vestido de branco e deixando o chapéu sobre os balaios que se juntavam num canto. "Vim para mais uma tarde de aprendizado", ia dizendo enquanto se sentava.

De início, nos serões na sua velha casa, eu me limitava a ouvir, e somente mais tarde, estimulado por ele, eu me atrevia a falar. Estranha combinação a nossa, duas vidas tão diferentes que se aproximavam tanto. Não sei por que sempre liguei aqueles momentos em que falava, em que afinal eu aprendia mais do que ensinava, ao sol amarelo que passeava pelas paredes da casa-de-goma, como a gente no solar chamava aquele quarto grande. Não havia qualquer arco-íris então, mas sim aquela luz intensa das tardes da Bahia, que se misturava misteriosamente ao cheiro do ferro de passar. Agora, repousando o corpo no meio da caatinga silenciosa, pensava nas noites de ouvinte e nas tardes de aprendizado. Primeiro foram as noites, quando Totonho precisava de um ouvido à sua disposição. Depois da ceia, ele ordenava que eu me sentasse do outro lado da mesa, embora eu nunca comesse ali e muito menos tomasse vinho. Queria alguém que o ouvisse e na falta de outro me fez seu ouvinte predileto, eu que havia aprendido a falar e a escrever a língua dos portugueses com ele — talvez por isso mesmo, porque tinha muito do seu falar no meu falar, que imaginava fosse o meu pensar. Totonho discursou horas seguidas uma noite, sobre as idéias e a coragem de um certo frei Joaquim do Amor Divino, autor do livro *Cartas de Pítia a Damão*, que havia sido fuzilado, embora padre, porque ninguém quis enforcá-lo no Recife.

Fiz muitas perguntas para Totonho sobre isso, e ao mesmo tempo que ele corrigia os erros que eu cometia falando, contava mais coisas não somente desse frade revoltoso, como de outra gente cujas idéias também admirava. Durante um mês, de início com moderação, mas a partir da segunda garrafa de vinho com exaltação, ele me falou no Clube Maçônico Cavaleiros da Luz, que um dia sonhou com o fim do jugo português, além de um porto aberto na Bahia e liberdade para negros e mulatos. E contou como os que pensaram nisso foram enforcados lá em

Salvador e como foram queimados em praça pública seus livros e folhetos. Quanto mais Totonho bebia, mais excitado ficava e mais eu o interrompia com as desagradáveis exigências de clareza dos que não beberam numa mesa de bêbados. Mas ele nunca se irritou comigo por isso, como se de algum modo soubesse que alguém devia ficar sóbrio quando se discutiam idéias.

Havia um livro que o Malasartes abria para procurar nele uma citação que nunca achava, quando se falava sobre a novidade que era a liberdade de comerciar. Dos negros que vieram da África, dizia o Malasartes, os fulas e os hauçás são homens de comércio e acham digno do homem e até do guerreiro comerciar, enquanto os outros são "jesuíticos", como dizia ele e mais tarde eu repeti. Estes têm repugnância pelo comércio honesto e pelo lucro. Eu me entretinha com essas idéias que às vezes coincidiam com alguma coisa que me passava pelo espírito também, e que não sabia expressar em palavras. O livro que volta e meia saía da estante sem que se encontrasse a citação desejada era *Memória dos benefícios políticos do governo de D. João VI*, de José da Silva Lisboa. Mas o Malasartes ficava mais vezes lírico do que financeiro, e *Idylles brésiliennes*, de Theodore Taunay, era sempre lido em voz alta após a ceia regada a vinho. "São versos latinos traduzidos em francês", justificava meu senhor nos intervalos da leitura em francês, que ele traduzia em seguida, escolhendo uma ou outra palavra para me provar a beleza da língua de Racine.

As noites eram assim na Salvador dos meus primeiros tempos no Brasil. Uma vez pedi para retirar da estante o *Estudos dos bens comuns*, de Silva Lisboa, a fim de dar uma olhada. Malasartes me observou com um sorriso, concordou com a cabeça e continuou a comer o frango ao molho pardo como se estivesse distraído. Li trechos em que o autor falava muito em Adam Smith e afirmava que a economia política era uma teoria da riqueza das nações. Com a minha abençoada memória para idéias e o meu freqüente esquecimento de nomes próprios, citei de cor um trecho depois que fechei o livro e o coloquei na estante. "Você tem de chegar aos livros da maneira certa", falou Malasartes, pausado.

"Se se aferrar aos livros errados no começo, vai acabar odiando ler e achando todos os livros uns trastes." Era extraordinário como as coisas que ele dizia me falavam diretamente à compreensão. Tinha de começar pelos livros que tratavam do que eu gostava e que até vagamente eu adivinhava existirem, para poder um dia passar àqueles que cuidavam de coisas que eu ainda não imaginava que existissem. Somente assim poderia gostar dos livros e aprender com eles, do modo como alguns homens aprenderam.

Totonho Malasartes continuou a falar em coisas nebulosas para mim, algumas delas eu suspeitava que me seriam para sempre inúteis, embora pudessem ser necessárias a outros. Assim como detalhes de transações mercantis, a iniquidade dos usurários, a estagnação do comércio, o provimento da economia doméstica, a alta e a baixa de preços das mercadorias, os tratados comerciais e a perda de crédito público. Algum dia, continuava ele pressentindo meu tédio, tudo aquilo ia dominar o mundo e seria até assunto dos pobres, aqueles que "estarão entre nós para sempre", como segundo dissera Jesus Cristo. E concluía de um modo estranho: "Quando todo mundo souber tudo a respeito, a vida no mundo vai sofrer uma mudança essencial". A repetição do demonstrativo confundia meu entendimento, porque eu tomava aquilo como uma espécie de profecia. Mas com o tempo Totonho tomou-se do medo de me desinteressar completamente e passeou por outros autores que ele julgava que me fascinariam.

O etíope resgatado, do padre M. R. Rocha, tornou-se o seu companheiro de ceia por um curto período, enquanto eu o lia e o discutia com ele longamente. O autor Rocha propunha que os escravos fossem tratados mais humanamente e que fossem preparados por seus senhores para uma futura alforria, porque a liberdade na ignorância quase absoluta é ainda escravidão. Era um velho livro de 1750, editado em Lisboa, com uma capa amarela mais ensebada do que o comum entre os livros de Totonho.

Depois foi a vez do livro de João Severiano Maciel da Costa, *Memória*, que estudava e propunha a proibição para sempre da vinda de homens da África, desde que contra a própria vontade.

O autor se preocupava com as conseqüências de uma libertação repentina dos africanos no Brasil, mas achava que ela era moralmente necessária, ainda que perigosa. Totonho pedia minha opinião a respeito. Falando cada dia melhor o português, disse-lhe uma vez que os prejuízos para os senhores de escravos porventura ocorridos com a libertação dos africanos eram nada diante da monstruosidade de usar o trabalho de homens capturados à força e tratar esses homens como patrimônio de um outro homem. Falei um pouco demoradamente. Totonho ouviu em silêncio e depois murmurou com voz rouca que eu estava bastante eloqüente naquela noite.

Mas Malasartes gostava mesmo era de frei Joaquim do Amor Divino e de seu *Sermão sobre a oração* feito no Recife anos antes. A frase final, "o homem nasce para a sociedade", não me tocava em nada a alma, mas me calei por respeito ao entusiasmo do meu senhor e amigo. O jornal *Correio Brasiliense* que às vezes chegava de Londres, onde era impresso, com quatro meses de atraso, ficava na outra ponta da mesa bem dobrado, e não me lembro de ter visto Totonho lendo suas notícias e seus comentários.

Os jornais baianos não entravam no solar Saraiva, a não ser *O Comércio da Bahia*, no período em que se falou muito de Napoleão Bonaparte, dois anos passados da sua morte, com a suspeita de que fora assassinado a mando dos ingleses, na ilha distante em que era prisioneiro. Com o tempo, Malasartes falava um pouco menos e ficava um longo tempo me olhando depois que conversávamos. Não perguntava nada, só me interrogava com os olhos. Quando me ensinava francês e terminava se alongando sobre um autor que eu não conhecia, ele afinal sorria e confessava, entre dois goles de vinho, que era mesmo um falastrão.

Um dia contei a Totonho uma daquelas histórias de pássaro do *Mantic uttair*, e ele a ouviu sem tirar os olhos de mim. Era uma historinha curta que até as pessoas que desconheciam a origem do livro e mal percebiam a beleza contida nele ouviam sem enfado e às vezes com interesse. Um mestre pedia a Deus em suas orações que o ajudasse nos seus negócios. Um homem religioso que passava ouviu suas palavras e disse àquele mestre que seu orgulho estava impedindo qualquer contato com o verdadeiro Deus. Além disso, o conforto em que vivia mergulhado levava para bem longe sua atenção, de modo que ele não podia ver seu próprio rosto. E o caminho para Deus só pode ser aberto quando o caminhante conhece um pouco o próprio rosto. Totonho fez um daqueles silêncios demorados e se levantou da mesa, deixando o copo de vinho pela metade, o que nunca acontecia. Fez um aceno com a mão e se recolheu ao seu quarto. A partir daí, quando ainda estava sóbrio pedia mais histórias, ou simplesmente comentários sobre a vida. A respeito de pessoas ele nunca me interrogou, nem eu saberia como responder-lhe.

Mas quando despertei daquele torpor a que fui levado pela memória dos meus primeiros tempos na Bahia, o arco-íris havia sumido no céu do sertão e ainda havia um bom pedaço de tarde pela frente. Firmino havia preparado um jantar com peixes pescados no riacho próximo, que comemos com muito apetite. Enquanto mastigava, os serões na casa de Malasartes ainda me dançavam um pouco na cabeça e só se desfizeram quando entramos de novo na caatinga para enfrentar os espinheiros até o cair da noite. Custei a dormir porque havia repousado de tarde, de modo que não acordei ainda no escuro como acontecia sempre. Acho que foi um estalido estranho, um galho que se quebra a uns vinte passos de onde estávamos que me despertou de vez.

Firmino e eu nos levantamos ao mesmo tempo, de faca em punho, e nos colamos a árvores próximas. Novos ruídos confirmaram nossa suspeita. Vinha gente andando devagar ali por perto, e como não se viam as cabeças na caatinga podíamos supor que caminhavam agachados. Enquanto rastejávamos em direções diferentes não pude deixar de pensar que Firmino havia aprendido a adivinhar meus pensamentos.

Eram cinco homens, vimos logo, que cochichavam e se arrastavam por ali. Um deles era o capitão-do-mato que nos havia atacado há dois dias, os demais eram negros diferentes daqueles que o acompanharam da primeira vez. O homem era teimoso ou tinha uma recomendação especial para nos pegar. Quando eles afinal encontraram os restos da nossa fogueira, os cobertores e a comida que nos restava e tiveram a certeza de que havíamos fugido, aparentaram alívio suspirando e começaram a remexer nossa grelha na fogueira, vendo o que podiam levar. Deixamos passar uns dez minutos e caímos sobre eles, eu primeiro, Firmino logo em seguida. Outra vez sangrei o negro caçador de negros que estava mais ao meu alcance, e passei para um outro que já tentava fugir.

Entendi num relance que o capitão-do-mato chamado Henrique apontava a espingarda na minha direção, e não sei por que pensei, naquela fração de segundo, que ele havia planejado cortar minha cabeça para levar como troféu a Donana. Seria um belo exemplo na fazenda, minha cabeça com as marcas que levo no rosto, pendurada na trave da entrada da senzala. Esse era um recurso que eu usava com freqüência desde os tempos da África: imaginar situações para encolher o tempo e me fazer mais rápido. Sorri por dentro quando percebi que a idéia de minha cabeça dependurada como troféu havia produzido no meu coração o efeito desejado. Saltei para o lado quando o capitão-do-mato disparou, e quase ao mesmo tempo joguei a faca pequena de cabo pesado que levava sempre comigo, e vi quando ela chegou até o peito junto do pescoço do moço mulato. Ele caiu de joelhos, a boca meio aberta como se fosse falar, e sua arma voou para longe. O tal de Henrique estava morto aos meus pés, um dos escravos havia fugido novamente, e um outro fora manietado por Firmino.

Esse escravo, que se chamava Fábio, nos contou que Donana havia dado ordem de me levar vivo ou, se isso não fosse facilitado por mim, de levar apenas minha cabeça — como eu havia adivinhado. Mandei que dissesse à fazendeira que ia chegar até ela quando menos esperasse, para dar umas lições de defesa e combate aos homens, em troca só de casa e comida por um tempo, com o direito de partir quando quisesse. E que tivesse a paciência de esperar, não mandasse mais ninguém ao nosso encontro. Seguia também um presente que ela devia receber como advertência. Firmino parecia espantado com a minha arrogância. Seu rosto mostrava incredulidade quando me levantei e fui até o capitão-do-mato estendido na terra, morto. Com a piedade devida a um ser humano e já agora com humildade, cortei sua orelha direita e a coloquei na mão de Fábio, mandando que ele se apressasse porque ia anoitecer. Quando o negro sumiu correndo na caatinga, Firmino colocou as duas mãos na cabeça e riu alto. Foi a primeira vez que o vi tão alvoroçado. Pouco depois se aquietou e não fez qualquer comentário. Andamos mais uma légua em silêncio e decidimos acampar.

Pela manhã havia muita neblina nas proximidades. Vaguei pela caatinga para pegar uns galhos secos a fim de preparar a primeira refeição. Deixei Firmino lavando o rosto num córrego, ajoelhado numa grande pedra. Não fazíamos mais as orações três vezes ao dia, como sempre foi da nossa tradição, mas apenas pela manhã e com uma certa pressa. A caatinga ali estava representada em toda sua variedade, com o mandacaru crescendo ao lado do xiquexique, o juazeiro junto do icó preto, a macambira, a jurema e o umbuzeiro na mesma área. As flores rosadas de um marmeleiro me chamaram a atenção. Dei uma volta em torno do arbusto e segui caminho. Percebi que o mato ali tinha sido roçado havia pouco tempo e algumas árvores grandes isoladas tinham sido abatidas também. Mas quem conhecesse a quixabeira não a derrubaria para aproveitar a madeira porque sua casca era preciosa demais, como tônico, para ser perdida assim. Olhei em volta e por toda parte vi a vontade do homem branco, do europeu arrogante que desperdiça, ao contrário do índio e do africano que vive entre o deserto e o oceano, que valoriza as árvores e que só as derruba quando precisa muito da madeira.

Parei junto ao que restava de um cumaru-das-caatingas, com seu palmo de tronco avermelhado emergindo do chão, ainda espargindo aroma dos pedaços de sua casca grossa que restavam por ali. No ermo, como na vida, era prestar atenção e a maravilha entrava pelos olhos. Andei um pouco mais, colhi os galhos secos que queria e voltei sobre meus passos. Estava tranqüilo porque um novo capitão-do-mato de Donana não ia aparecer tão cedo, para não perder uma orelha ou a vida. No caminho de volta, parecia que o mandacaru de flores brancas se inclinava sobre minha cabeça, ele que alimentava o gado e deixava que se fizesse do seu caule um doce inesquecível que só vim a conhecer na casa de Malasartes, em Salvador. Como era bonita a caatinga quando havia paz, como agora. Vi de longe uma preá e um tatupeba, ambos correndo de mim para um bosque de jucá mais adiante. A vontade era ficar andando a esmo pelo mato, pelo resto do dia ou quem sabe para sempre.

Caminhamos em silêncio e muito atentos. Não era hora ainda de receber mais visitas, mas a atenção era um treino que devíamos refazer constantemente. Quando a noite chegou, vi pelas primeiras estrelas que estávamos no rumo certo. Agora era preciso mudar um pouco de lugar para que não nos encontrassem com muita facilidade. Assim, na última hora de caminhada subimos um pouco para o Norte, como ninguém haveria de supor que fizéssemos, e por duas ou três léguas andamos para Oeste, até que a noite caiu de vez e acampamos. Depois de comer ervilhas cozidas e bananas, deitamos em direções opostas, como sempre, mas com os pés próximos um do outro, para um alarme de emergência. Mas a noite passou tranqüila e fresca, e a fogueira para espantar os bichos não apagou até de madrugada. Sonhei que me banhava no Níger e que meu irmão mais velho me ensinava a nadar segurando meu queixo acima da linha d'água, como de fato havia feito muitas vezes no passado. No sonho como na vida, ele era um guerreiro importante que não dava muita atenção às crianças que o admiravam. Até que salvei sua vida e ele me olhou com atenção, pela primeira vez. Isso aconteceu na vida, não no sonho.

Chegada a Malemba
1836

Andamos pouco nos dois dias seguintes, quase sempre em silêncio, eu na frente e Firmino um pouco atrás. Comíamos as frutas maduras que encontrávamos pelo caminho e bebíamos água nos riachos. Quanto a mim, não deixava que a atenção mantida para reagir a um novo assalto me cegasse completamente para a beleza do lugar. Por toda parte nossos olhos vigilantes notavam vestígios humanos: víamos vajazeiras e pitombeiras cujos frutos tinham sido colhidos, assim como a presença ali de tatu-bola, de paca, de quati e de veado que seguem de perto os homens em busca dos seus restos de alimento. Afinal, num brejo aonde chegamos quase ao anoitecer havia um cercado feito por mão humana para prender galinhas. Aos poucos, sinais que indicavam a presença de um grande engenho nas redondezas se multiplicaram, até que vimos pegadas humanas nas margens dos riachos, e aí nossos cuidados aumentaram. No quinto dia de caminhada cautelosa, escutamos vozes num pequeno bosque da caatinga. Disse a Firmino que iria até lá sozinho para sondar e saí agachado entre as touceiras. Eram sete homens acampados, dois dos quais capitães-do-mato mulatos, com suas bandoleiras, seus chapéus de couro e anéis, as espingardas presas nas celas. Os outros cinco eram escravos bem nutridos, todos sentados no chão com seus facões na cintura. Falavam em voz alta, e eu, imóvel e com o corpo colado ao chão, ouvia tudo a umas cinqüenta passadas de distância.

Com a cara enfiada no mato, seria um homem morto se desse de frente com uma caninana, mas não pensava nisso então. Aos poucos ia entendendo que eram homens da fazenda Malemba, da mulher que eu conhecia como Donana e com quem tinha um acerto de contas porque por duas vezes quase me havia prendido ou liquidado. Os capitães falavam em plantação de milho, em moenda de cana, na comida feita e servida pelas negras do engenho. Os escravos trauteavam umas cantigas, balançando as cabeças e rindo de vez em quando. Um dos capitães perguntou a que horas iriam entrar "mato adentro", e o outro respondeu que logo. Seguiriam na direção oposta da fazenda e um braço apontou o leste. Como pareciam todos bem armados, imaginei que estivessem nos procurando ou a um pequeno grupo de escravos fugidos. Não devia esperar mais. Rastejei de volta um trecho do terreno e, chegando onde estava Firmino, já levava um plano completo na cabeça. Quanto menos homens houvesse em Malemba, melhor para nós. Esse grupo que estava ali acampado passaria ainda alguns dias no mato, por isso era agora que devíamos seguir no rumo da casa deles.

Andamos mais dois dias na direção do poente, e os vestígios de presença humana aumentavam a cada hora. As pegadas que iam e vinham no pó e na lama nos apontaram o lugar exato da fazenda, e na última noite foi difícil acampar em segurança, tamanha era a proximidade de Malemba. Despertei de madrugada com uma voz de mulher falando português do Brasil, e de um salto acordei Firmino e subimos os dois num ipê frondoso, ágeis como macacos. Um grupo a cavalo passou a uma boa distância de nós, mas podíamos vê-lo perfeitamente. Não havia cães com eles, felizmente, de modo que não suspeitaram da nossa presença. Aquela devia ser Donana, montada de lado no melhor cavalo, solene e tranqüila na aparência, corpo roliço, mas atraente, que podia ser adivinhado através da roupa clara e rendada. Donana tinha um nariz reto e uma boca de portuguesa, de lábios muito finos. Havia uma amazona com feições de índio a seu lado, e o resto da gente era de capitães-do-mato e de escravos de confiança. Ela falava em voz baixa e todos a escutavam, com respeito. Deviam estar fazendo uma inspeção na fazenda.

Ali era perto do arraial de Itambé, próximo do rio Tapanhoacanga, conforme havia concluído a partir do que ouvira havia dois dias no acampamento dos capitães-do-mato. Adiante, seguindo para oeste, era a cadeia de montanhas que chamavam Espigão, de que me havia falado Barê, o índio apiacá do quilombo, e que se alongava conforme dissera até os confins do Brasil. Malemba tinha uma estrada para o sul da Bahia e outra que ia para o sul do Império, por onde chegavam e partiam seus produtos e os confortos das cidades. Donana mandava na região, que era como se fosse seu reino particular, sem nenhuma outra autoridade ou poder acima dela. Espiei seu rosto branco e o volume das suas ancas sobre a montaria. Vi também o rosto moreno da outra, assim como observei o dos homens que seguiam com elas, e todos me pareceram nervosos e com alguma forma de medo no seu coração. Entendi o caminho que tomaram, a volta que deram até perto das serras que quase rodeavam a fazenda, e já pendurado em outra árvore vi por onde voltaram, entrando na fazenda a trote lento. Cada coisa que observei me ensinava a respeito deles e me ajudava a decidir sobre o que iria fazer.

Passei a tarde daquele dia olhando a fazenda por todos os lados. Pedi a Firmino que fizesse a mesma coisa somente pelo lado sul, que era uma região mais despovoada e menos perigosa. Temia que ele revelasse involuntariamente nossa presença, deixando marcas por onde fosse passando. Imaginava que pudesse haver em Malemba gente tão atenta quanto nós para os sinais que o homem deixa no mato e para as coisas que acontecem no mundo. Os índios eram melhores observadores desses pequenos detalhes preciosos do que os negros de segunda e terceira geração no Brasil, mas esse não era o meu caso. Quando me encontrei de novo com Firmino no lugar combinado, contei o que tinha visto, ouvido e cheirado. Em voz baixa e resumindo muito o que dizia, falei nas entradas da fazenda, no número de pessoas que provavelmente havia lá dentro, descrevi Donana e o pessoal que a cercava, falei no número de cavalos que adivinhei pelas marcas de ferradura no chão e pelos relinchos distantes dos animais recolhidos.

Não disse, entretanto, o que pensava fazer em seguida. De sua parte, Firmino tinha visto muitas armas e a presença de dois homens brancos, ambos chumbeiros, como ele chamava os portugueses, talvez feitores. Na casa central havia dois ou três quartos com reposteiro trançado de urupema nas janelas, como diziam que havia nas alcovas e nos quartos das donzelas no Rio de Janeiro. Numa despensa que descobriu apurando os olhos, meu companheiro de viagem viu carne fresca em boa quantidade, carne-seca, farinha de mandioca, toucinho, sal e lenha, além de garrafões de vinho e de aguardente. Conversávamos e comíamos enquanto o sol se punha atrás do Espigão. Era preciso que à noite não restasse qualquer brasa viva na fogueira, para não chamar a atenção. Firmino se deitou para dormir enquanto eu me enrolava na minha manta grossa e me encostava num tronco acolhedor como o abraço de uma mulher. Queria pensar muito mais, antes que o sono chegasse, porque o que pretendia fazer no dia seguinte iria decidir nosso futuro.

Bem cedo, combinei com Firmino que só nos veríamos ao cair da noite daquele dia, naquele lugar exatamente. Ele devia ficar por ali e se fazer invisível. Caminhei rumo sul e depois de meia hora de marcha me escondi na copa cheia de uma árvore que havia marcado de véspera, onde tratei de me esvaziar de pensamentos para que o tempo corresse sem os perigos da sonolência ou da inquietação. Olhava na direção da fazenda e às vezes movia pernas e braços para evitar seu formigamento. Duas horas se passaram sem que nada acontecesse, até que escutei, ainda distante, o estalido de uma ferradura cantando numa pedra. Eram cavaleiros, como os da véspera, e se Deus quisesse Donana estaria com eles. Dois capitães-do-mato e a mulher índia vestida como européia que já vira ontem, seguidos de dois escravos a pé, chegaram até bem próximo de onde me encontrava e, depois de alguma indecisão, seguiram caminho. Donana não estava ali. Fui andando atrás deles como um animal de presa, sem que me vissem.

Aos poucos, percebi que estavam procurando os intrusos que haviam chegado na região, Firmino e eu, mas os capitães diziam acreditar que tínhamos fugido quando vimos o tamanho da fazenda. "Esses negros são perigosos, é bom não confiar nisso", falou a índia, que seguia atrás. Os homens queriam voltar porque tinham muito o que fazer em Malemba e insistiam no retorno. "Vamos voltar", falou a mulher, e todos fizeram meia-volta. Os cavalos trotavam pelo caminho, e os negros corriam a seu lado. O cavalo da índia era o melhor, mas parecia mal adestrado, ainda um pouco teimoso. Andou de banda, parou, seguiu caminho. Imaginei que estava percebendo a presença de um estranho por perto, alguém que ficava imóvel quando todos paravam e se movia quando todos andavam. Talvez por isso a montaria da índia se atrasou um pouco, e eu me senti feliz com isso. Corri na ponta dos pés entre os arbustos e saí junto à amazona pelo seu lado esquerdo, sem dar tempo ao cavalo de se assustar e a ela de prever minha chegada. Levantei alto seu pé do estribo e seu corpo caiu para o lado, dando tempo para que o agarrase antes que a montaria disparasse até sumir na mata.

Era leve a índia, e agora que eu havia segurado seu rosto ela não podia gritar mais. Corri por dentro de um espinheiro, gingando o corpo para não me machucar. Por ali não passava cavalo nenhum, nem homem, pensei rindo. Parei numa touceira e olhei a índia de perto. Estava branca, esperando a morte a qualquer momento, os olhos esbugalhados. Quando retirei a mão de sua boca ela não tentou gritar. Havia entendido talvez que eu só queria mandar um recado, um outro recado para a sua senhora. "Quero me encontrar em paz com ela. Se me mandar buscar, eu mato quem for ao meu encontro. Quero chegar quando quiser e sair quando quiser. Não vou fazer mal a ela, quero só passar um tempo trabalhando aqui, onde posso me esconder do mundo. Diga isso a ela e me ajude, você não vai se arrepender", falei, enquanto a índia acalmava a respiração. Ouvi um tropel de cavalos mas nem voltei a cabeça. Soltei os braços da mulher, mas ela não correu. Ficamos parados nos olhando. "Entendeu?", perguntei. Balançou a cabeça e baixou os olhos. Fiz sinal para que se fosse e corri na direção oposta, desviando dos arbustos o quanto podia.

Voltei para a minha árvore e passei o restante do dia ouvindo um tropel de cavalos, ordens gritadas e até um tiro de arcabuz muito distante, vindo de um ponto diferente daquele em que Firmino estava. Permaneci tranqüilo no meio de uma copa sombria até que começou a escurecer, só tendo descido uma vez para apagar minhas pegadas que haviam ficado na poeira perto do tronco. Durante muito tempo veio de Malemba um murmúrio inquieto, depois tudo se aquietou e eu voltei cauteloso, os ouvidos muito abertos, para o meu acampamento perto de um riacho. Firmino me saudou com alegria porque passara o dia preocupado com a agitação dos capitães-do-mato e dos escravos por ali. Havia subido também numa árvore e até dormido um pouco lá em cima, depois de ter dissolvido os sinais da fogueira. Disse a ele que devíamos sumir por um par de dias e expliquei por quê. E disse também que era melhor não esperar pela manhã, mas caminhar um pouco pelo mato naquele mesmo começo de noite. Foi o que fizemos, com cuidado e em silêncio absoluto.

Essa noite acampamos num bananal próximo ao pomar da fazenda. Apesar do perigo das cobras, e havia muitas por perto, mas nem todas peçonhentas, lá era mais seguro porque as árvores frondosas e as grandes folhas ressecadas nos escondiam de quem se aproximasse. Mas ninguém se atreveria a viajar caatinga adentro em plena noite, se não fizesse lua cheia e a viagem não fosse feita em cavalo acostumado com o caminho. Acordei de madrugada e me lembrei do sonho que tivera havia pouco. Via meu avô embarcando de volta para a África, suas malas serem levadas para bordo de um pequeno navio pintado de branco. Era o *Harriet*, da Colonization Society, e seu destino era a Libéria. E eu via o *Harriet* zarpar, com os amigos que meu avô fizera na América acenando com os chapéus e as mulheres, com lenços brancos. No cais eu olhava e não conseguia conter minhas lágrimas, não porque meu avô estivesse viajando para longe, mas porque bem sabia que ele nunca chegaria a ver a África com seus olhos. Era isso, eu estava acordado em meu sonho, e me entristecia com o que ainda iria acontecer. Meu avô era o passageiro mais velho do navio, e o secretário de Estado norte-americano dera-lhe um camarote de luxo como o antigo escravo nunca tinha visto em toda sua vida. No sonho eu queria voar até aquele passado e olhar pela vigia do camarote, onde um negro de cabeça branca acenava seu adeus para a América, e dizer-lhe no ouvido que era bom estar feliz como ele estava, embora estivesse de fato dizendo adeus à vida.

Despertei com o rosto molhado de suor e vi Firmino abrindo uma jaca para nós, voltado de costas para que eu não soubesse que ele tinha me visto soluçando enquanto dormia. Lavei o rosto na água cristalina que corria entre umas pedras e perguntei a mim mesmo por que quando sonhava era muito mais sentimental do que em estado de vigília. Não esperei um segundo pela resposta e fui tratando logo da vida. Aquele homem cuja presença em sonhos me agradava tanto, meu avô, que um dia fora comandante fula com apenas vinte e um anos, filho do rei Sori de Timbo, derrotado e vendido como escravo para os portugueses por outros negros, só me aparecia em sonhos, nunca em estado de vigília na memória, e mesmo em sonho agora vinha com menor freqüência.

Até minha chegada às proximidades de Malemba nunca sentira vontade e nem sequer tivera ânimo de anotar meus pensamentos, ou o que fazia pela vida. Foi lá que isso nasceu em mim de repente, sem que percebesse como. A partir de então, dei para lembrar o modo como as pessoas tinham falado comigo, e eu com elas. Às vezes à noite, antes de dormir, tomava notas de frases inteiras, que eu sabia com toda certeza terem sido ditas daquele jeito, e com o tempo fui ganhando prática nessas lembranças, fazendo como depois vi feito nos teatros do Rio de Janeiro. O modo como os homens falam diz muito do que esses homens são, e o modo de contar essa fala traz para bem perto da realidade aquilo que se deseja representar o mais próximo possível da verdade. Tarde da noite, às vezes, aparava minhas pontas final de carvão e descrevia uma conversa inteira, não importava onde estivesse. Depois memorizava tudo e apagava, porque era pequeno o espaço e no mato eu não tinha lápis nem papel. Aquela música da fala humana ficava no meu ouvido meses a fio, e foi ali, foi em Malemba que essa mágica do fraseado me encantou a alma e me revelou o segredo de uma história lembrada se parecer ainda mais com a história vivida.

Aqueles dois dias, em que fizemos o pânico aumentar na fazenda até talvez tornar-se insuportável, passei numa calma deliciosa pegando caranguejo no lamaçal dos riachos das proximidades. Levava meu tessubá e fazia minhas orações enquanto andava, as pernas sujas de lama até as coxas, entre o bananal e os arbustos. Muita coisa esquecida naqueles matos me subia até a memória nessas andanças. Pensava ainda na festa do Lailat Al-Miraj, no bairro da Vitória em Salvador, onde tudo havia começado, e naquela gente que antes mesmo da revolta eu nunca mais tinha visto na Bahia, como Tomás, que era cesteiro; Carlos, fazedor conhecido na Cidade Baixa; Ignácio, serralheiro, e nas mulheres da calçada do Jeremoabo, que não mais havia visitado por falta de tempo, não por falta de vontade, como Ormélia, Mariana — meu Deus, que pressa eu tive uma vez de encontrá-la — e Zulmara.

Um dia levei Zulmara lá em casa, a pedido do Malasartes, que tinha vergonha do quanto ele próprio tinha engordado e quase não saía mais à rua. Ela foi decente, ele foi generoso, depois eu a acompanhei por cinco ou seis ruas até que ela se sentiu segura perto de casa. Nessa noite falamos na vida boa da Bahia, na doçura daquele povo que parecia o melhor do mundo, e essa conversa me enterneceu. Zulmara fora mulher da vida no Recife, depois na pequena cidade de Fortaleza, e tinha vivido em Jeremoabo, onde era feliz como não tinha sido antes. Mulata grande, forte, quituteira de mão-cheia, tinha a bunda mais bonita da Bahia e se orgulhava muito disso. Quando voltei para casa o Malasartes estava no quarto de goma, tomando seu licor antes de dormir, mas na verdade me esperava para falar sobre a mulher que havia levado para ele. "Que corpo, Adriano, e que pessoa boa de lidar. Diga uma coisa, amigo, as outras mulheres da África que você conhece são assim?" O Malasartes e eu éramos como irmãos. E aquelas tardes da Bahia, que milagre de paz e luz naqueles quartos do casarão onde o sol se infiltrava amarelo e brincalhão.

Falei uma vez com Malasartes sobre a presença da mulher no mundo, e ele me ouviu em silêncio absoluto, o que não era comum naquele que era então meu senhor e dono, mas antes de tudo bom amigo. A grande vocação do ser humano era desenvolvida e às vezes se completava na terra com a proteção e o trabalho das pessoas que se amavam e que o acaso ou a vontade tinham aproximado nesta vida. A mulher muitas vezes completava o homem, mas homem e mulher podiam cumprir sua vocação sozinhos, se assim estivesse traçado. Disse a ele o que havia aprendido em Tombuctu, nas leituras que depois fizera, no que tinha ouvido dos mulás e principalmente o que havia aprendido com o ouvido interior na meditação inspirada do coração vazio. Contei-lhe uma passagem do *Mantic uttair* que eu lia em minha infância para aprender o árabe e que me ensinou a viver. Uma moça rica tinha medo de casar porque sofria de dores de cabeça constantes e temia ser infeliz na longa caminhada pelo mundo junto a algum homem que não cuidasse dela e da sua dor. Um dia um homem santo que ela foi consultar lhe disse: "Seu mal não está na cabeça, está nos joelhos. Aprenda a dobrá-los sempre, saiba curvar-se à realidade, não se acredite incompreendida nem queira ser reconhecida, veja a si mesma como é, sem contemplação". O Malasartes me pediu muitas vezes depois que repetisse essa história.

Quem me comprou quando cheguei da África foi esse mesmo Totonho Malasartes, nome pelo qual era conhecido na Bahia o poeta e bacharel Antonio Barros Saraiva, um homem bom, mas, Deus o perdoe, distraído, irresponsável e generoso até o desperdício, que foi roubado pelos que considerava amigos e pelas mulheres que amou, essas foram muitas. Foi paciente com a minha arrogância de escravo novo, e um ano depois de estar eu na sua casa, onde era o único escravo além da cozinheira Ondina, esse solteiro bonachão me convidava para cear com ele à mesa quase todas as noites. Foi ele quem me ensinou a falar e a escrever a língua da terra brasileira, principalmente a falar sem o sotaque de Portugal que comecei a ouvir ainda no navio que me trouxe do Benin e de Angola e odiei desde o começo. Totonho Malasartes me ensinou também um pouco de francês, de inglês e de história da Europa, me mostrando o mundo do passado e do presente que eu desconhecia completamente. Quando me mandava buscar a segunda garrafa de vinho em sua pequena adega e se acostumava à idéia, para ele irritante, de que eu nunca o acompanhava no copo, falava dos gregos antigos com muito encanto e muita poesia, e eu me admirava a tal ponto daquela gente antiga, que encontrava depois nos meus sonhos os amores, as raivas e os pensamentos claros como água cristalina de Aristóteles, Péricles e Sócrates, e quando os via nesses sonhos eles eram negros como meu pai e meu avô, e Atenas ficava nas montanhas de Tombucto.

Dizem que aquele que foi meu avô morreu quando voltava para a África, para onde foi levado de volta pelo governo dos Estados Unidos, no camarote luxuoso de um navio, homenageado por todo mundo. Morreu dias depois do seu desembarque na Libéria, antes de seguir caminho para o Futa Jalom, já muito febril e debilitado com a viagem. Conta-se que havia perdido sua fé islâmica na convivência com os brancos protestantes de um lugar de hereges chamado Natchez, mas me disseram também que depois se penitenciou e recobrou de volta a antiga crença que lhe tiraram com a liberdade. Mas o Príncipe tão amado de todos que o conheceram nas plantações da Louisiana, onde foi admirado pelas maravilhas que dizia em muitas línguas, esse querido Ibrahima do meu sangue que um dia se chamou Abraham, também como eu, infelizmente morreu logo que desceu à terra da Monróvia, vitimado por uma dessas doenças do branco que secam o sangue no corpo, deixam fino o rosto e as pernas fracas. Essa notícia chegou depressa a Timbo, a Tombucto, aos portos do golfo de Benin e a Cangoma e foi espalhada até por gente que nunca tinha ouvido falar no Príncipe fula da América e saiu pelas bocas e entrou nos ouvidos dos caravaneiros e mercadores, dos soldados e das putas das cidades maiores da margem do Níger, de modo que meu avô ficou famoso da Costa do Ouro até Angola, e foi uma pena que não tenha vivido para gozar essa glória. Só por isso eu gostaria de voltar à minha pátria fula, dos fulbes do Futa Jalom, para contar tudo isso uma vez mais e dizer a todos que eu sou descendente desse homem sábio.

Passei a tarde daquele dia pescando sozinho num rio largo e raso das proximidades, com uma caçapa que eu mesmo fizera de fibra seca, e depois preparando um piracuí, ou "areia de peixe", de que tirei antes as espinhas, assando em seguida na brasa sobre um gradeado de madeira. E havia muita tracajá na região, com seus ovinhos deliciosos que levei depois para Firmino. Aqueles seres vivos pequeninos que estavam ali para servir o homem, sim senhor, porque o homem é o único ser do mundo que tem Deus dentro de si, mesmo que nunca saiba disso em sua atormentada vida. Mas queria ficar sozinho naqueles dois dias e sabia que meu companheiro de viagem entenderia minha precisão de me isolar. Lembrei do Engenho Majestade, onde tinha uma vez ficado uma semana fechado por vontade minha sob a proteção dos beneditinos aos quais tinha prestado serviço de carpinteiro e pedreiro, e retomei uma meditação que tinha começado lá. E recordei meu recente retiro na casa de Batanhos, logo após a fuga de Salvador.

A imitação do Profeta era o uso de uma energia interna que nenhum humano sabia de onde vinha, mas que podia ser invocada com serenidade à observação atenta dos próprios movimentos da alma. Era a serenidade por piedade, no sentido mais profundo dessa invocação. Sóbrio com o mundo dos homens, verdadeiro diante de Deus até perceber que o mundo é uma expressão da Sua verdade. Primeiro a pobreza interior, a *faqr*, em seguida o *fana*, e durante todo o percurso a renúncia às palavras e à inteligência esperta que não é sabedoria alguma. E esse era o terceiro movimento, o *ummi*. Tudo em silêncio, mas no mundo, andando descalço na terra e na lama, cozinhando, nadando, às vezes desejando, sentado à sombra de uma jaqueira ou dormindo sob uma coberta, perto de uma pequena fogueira.

 Voltei renovado horas depois, alegre e leve para a companhia de Firmino. Andamos sem fazer ruído nas proximidades de Malemba e comemos alguma coisa enquanto combinávamos o que deveria ser feito. Ele iria me esperar bem escondido na copa cerrada de uma daquelas árvores tão do nosso gosto. Se eu não voltasse em um dia completo, rumaria sozinho para o Sul, onde na certa encontraria pequenos rios por onde navegaria com facilidade até alguma cidade das Minas Gerais. Firmino me olhou demoradamente, depois riu: "Vosmecê vai voltar". Também eu achava que sim. Andei rápido pelo mato em linha reta e segui abaixado logo que vi entre os arbustos uma casa de paredes caiadas. Entrei naquilo que sabia ser uma grande despensa e me escondi atrás de sacos e caixas. Fiquei surpreso ao descobrir atrás de uma porta destrancada algumas armas de fogo e facões. Pendurei uma faca de bainha na cintura e fiquei imóvel no lugar mais escuro da sala. Vi passarem ratazanas e aranhas, mas não percebi sinal de gente durante muito tempo.

 Aproveitei a ocasião para retomar a meditação de um dia atrás. Isso não acontecia nunca no ponto exato onde me detivera, porque não havia nela continuidade, mas apenas observação do que acontecia ao redor, e como eu reagia a isso. O homem vazio era o *En-Nabi el-ummi*, a virgindade do que recebe o Avatar, o espírito divino também chamado *Er-Ruhr* no intelecto, que em árabe era chamado *El-Aql*. O "homem pobre" é o veículo da divindade, e entender isso era o mesmo que viver, imediatamente. Pensei em Biruni, na sua santidade e pobreza, sua entrega absoluta à realidade, seu desinteresse em traduzir a revelação em palavras, em converter pessoas, pura vaidade e resíduo perigoso de um eu que não se conformava em desaparecer nem mesmo por um instante que fosse. Devo ter ficado muito tempo imóvel, mas desperto, porque quando olhei pela janela vi que havia anoitecido. Era mais fácil andar lá dentro com os olhos fechados do que tentando ver, porque registrei no espírito os volumes que se amontoavam na grande sala e a sua disposição exata. O ouvido era minha âncora, estava tranqüilo e certo de que não seria surpreendido.

Ouvi passos, finalmente, e trechos de conversa que me orientaram sobre a situação. Os guardas estavam mal distribuídos pela fazenda, sabia disso, mas cada homem pensava estar agindo de maneira correta. Donana ia à capela dentro de meia hora, depois jantaria para, em seguida, se recolher. Onde era a capela? A pergunta certa era onde deveria ficar, para ser coerente com a alma das fazendas, a capela em relação à casa-grande de Malemba. Atrás, ao lado, próxima à entrada principal, era a resposta. Lembrei de ter visto uma torre com sino a uns duzentos metros de onde eu estava. Os dois homens que eu ouvira falando seguiam caminho sob seus chapéus de palha de aba larga e seus facões na cinta. Andei como um gato pela grande despensa e encontrei o que queria, depois de apalpar longamente tudo o que encontrava pela frente — um manto negro como a noite e como eu mesmo e um belo chapéu de palha.

Entrei pela pequena porta dos fundos e me escondi atrás do pequeno órgão de fole de pés roídos pelas ratazanas. Ali na frente estava o vulto imóvel me esperando, bem próximo do altar. Fora muito fácil até então e havia alguma coisa de errado no ar. Voltei por onde havia entrado e andei pelo mato em silêncio uns minutos. Era dali, detrás da despensa onde eu estivera há pouco, que vinha o som de respiração humana. Dei uma volta longa e me aproximei de três negros e de um capitão-do-mato que estavam agachados sob um arbusto. Atravessei o peito de dois com um golpe duplo do facão, cortei uma cabeça mal cortada porque senti a dureza do osso no punho da arma e, em seguida, vi que fora a do capitão. O negro restante ficou me olhando de mãos juntas, como se implorasse pela vida. Fiz sinal de silêncio com um dedo nos lábios e mandei com um gesto que andasse na minha frente. Entrei de novo na capela, segurando o negro obediente pela calça. Ordenei que ele se deitasse no chão e ficasse em silêncio. Andei até atrás do vulto pequenino próximo do altar e arranquei com a ponta do facão o véu que o encobria. Os olhos apavorados de um menino escravo me olharam de perto.

Perguntei por Donana em voz baixa e ele apontou a cozinha da casa-grande da fazenda. Mandei que deitasse quieto ao lado do escravo que trouxera e saí na ponta dos pés. Estavam todos com muito medo de mim.

Pela última janela da casa vi Donana sentada sozinha numa copa, diante de um candeeiro e de um prato de canjica, tendo diante dela sobre a mesa um rosário e uma espingarda. Sorvia devagar o alimento, o olhar perdido na parede. Admirado daquele descuido, olhei pelas outras janelas e entendi que ela estava desprotegida. Entrei pela porta pedindo licença e tirei o chapéu. Ela me olhou calmamente e levou mais uma colherada até a boca. Tranquei a porta por dentro, apaguei o candeeiro e me sentei diante dela no escuro. Acho que havia luar lá fora porque não estávamos completamente na treva. Falei, falei mais do que costumo falar nas situações difíceis. Repeti os recados que havia mandado pelos homens dela que eu deixara viver. Donana me olhava com seus olhos bonitos, impassível. Queria trabalhar para ela porque achava que alguma coisa assim era parte inevitável de minha vida. Não desejava o poder, não queria dinheiro e não queria também ser forçado a fazer o que não deveria fazer. Não queria ser escravo, nem capitão-do-mato, queria viver ali somente, com respeito por ela e aceitando as regras de vida da fazenda. Disse-lhe ainda ter um amigo que trouxera da Bahia, que queria levar comigo para Malemba, um homem sossegado como eu, que também gostava de lealdade e de respeito.

Donana ficou uns minutos em silêncio, olhando nos meus olhos, depois pegou um prato fundo que encheu de canjica até as bordas, pondo-o diante de mim. Ela também se serviu novamente e nós dois comemos em silêncio. Quando esvaziei o prato ela falou: "Há muito que eu quero uma pessoa como você na fazenda, para me ajudar. Os homens que tenho aqui você conhece. São de confiança, mas não têm fígado nem cabeça. Você acha que pode ficar aqui algum tempo me ajudando? Se for quem me parece que é, acho que vamos ficar bem satisfeitos".

Sua voz meio rouca tinha um acento lusitano, e de algum modo aquele me parecia um falar masculino. Balancei a cabeça concordando e pedi-lhe que me acompanhasse até perto da chácara, para que eu não fosse atacado na saída pela sua gente. Saímos juntos da casa, e eu percebi alguns vultos e o brilho de armas na penumbra. Agora eu podia provar a sinceridade dela. Donana levantou o braço direito e os homens abriram passagem para mim. Ela ficou imóvel perto dos canteiros, acompanhando meus passos até que sumi dos seus olhos. Andei com lentidão pensada e solenidade até que saí de Malemba, e então corri em ziguezague pela caatinga orientado pelo luar que fazia a noite tão clara lá fora, até chegar ao ponto onde Firmino me esperava.

"O que fez essa tarde?", ele me perguntou, sorrindo.

Sorri também: "Fui comer canjica com Donana".

Contei-lhe tudo e combinamos mudar o local do nosso acampamento naquela noite, por medida de segurança. Andamos para o Sul e acendemos uma pequena fogueira para afugentar bicho. Dormimos logo em seguida, e eu bem que sabia por que estava tão cansado. Acordei de madrugada e vi o prateado da lua no alto, entre as árvores. Pensei em Olufeme e no amor que nós fazíamos na beira do riacho no mocambo. Um minuto depois estava imaginando como seria Donana com as pernas trançadas nos meus quadris e as mãos no meu cabelo. Branca como aquela lua. Era diferente, não seria melhor que Olufeme, mas eu desejava as duas, cada uma delas por muitos motivos diferentes e nenhum deles parecia claro. Afinal adormeci de bruços, como se estivesse penetrando com meu ardor aquele chão bruto do Brasil ali deitado debaixo de mim.

6

Olufemi outra vez
1837/1838

Minha vida em Malemba logo se tornou prazerosa, como tinha sido a vida na Bahia ao tempo em que fui escravo do Malasartes. O segredo das duas situações era a liberdade de que eu desfrutava e o respeito em que era tido como pessoa capaz de assumir compromissos e dar conta deles. Nunca me agradou no mundo a liberdade de não fazer, de preguiçar ou de me entregar à dúvida, deixando o corpo à mercê de si mesmo em nome de uma canseira que nenhum trabalho feito explicava. Morei dois anos, dois meses e um dia em Malemba, e não me lembro de um só momento nesse tempo em que não me sentisse feliz por estar vivo e cheio de energia para usar naquilo que estava fazendo. O que tinha feito antes e o que faria depois nunca tinha existido ou não existia mais, de modo que eu vivia o momento. Assim que me entreguei simplesmente ao ver e ao fazer do dia-a-dia, deixei o resto por conta dos mistérios que não podia resolver, contente nos limites que homem algum consegue ultrapassar. Quando essa integração se dá pela vontade de Deus, não há ninguém em nós para se regozijar com ela, mas enquanto somos filhos de Adão o único modo de viver é aceitar o que somos, com um coração compassivo e uma vontade enfraquecida. Essa a compaixão que absolve o homem do pecado da ignorância e faz que ele veja a avidez trabalhando nele como um formigueiro. Deus seja louvado. *Inch Allah.*

Quis manter a lembrança desses dois anos, dois meses e um dia no meu espírito, tanto esse tempo fez com que me tornasse o que depois me tornei e para esgotar em mim o que ainda se conservava de emoções antigas, coisas do animal e da criança que o homem pode carregar toda uma vida quando não tem devoção, como a craca nova no casco de um barco se acumula sobre a craca antiga e torna mais lenta sua marcha, embora haja bom vento em suas velas para seguir mar afora.

Com uns poucos meses de Malemba já me havia acostumado a tomar notas todo dia dos sucessos, para pensar depois com mais vagar neles, quando o tempo tivesse acumulado fatos novos e as emoções que marcam mais a alma, dessas que deixam sinal mais forte exatamente porque nos assombram na nossa ignorância. Essas notas permitiram que um dia eu recompusesse os tempos de Malemba, e muitos outros em que segui fazendo meu aprendizado de viver, mas não consegui segurar a luz que iluminou aqueles dias, porque a palavra escrita, como ensinou o Profeta, tem sua utilidade mas também tem seus limites. Escrevi com as penas e a tinta que encontrei, com carvão apontado e com lápis, e um dia, muito tempo depois, usei a arte nova da tipografia de um jornal para guardar melhor os registros que fiz por tantos anos. Mas isso aconteceu muito depois do que estou narrando, e não quero agora mudar a ordem em que ocorreram as coisas para que elas não misturem a memória e o desejo, a primeira serva duvidosa da verdade, o segundo escravo da vaidade, ou simplesmente não se percam para sempre.

Donana mandou que me dessem uma morada pequena, mas muito digna, de taipa e sapê, e ali fiquei nos primeiros tempos com Firmino, companheiro fiel e silencioso. Não quis no começo comandar escravos, mas logo entendi que não os comandaria como escravos, mas como guerreiros, fossem aqueles homens brancos, mulatos ou negros como eu. Se me mantivesse dentro da doutrina, ou ela se mantivesse em mim, eu faria (ou Alguém por mim) tudo certo todo o tempo. Uma frase de Al-Tustari me voltou à lembrança muitas vezes, na primeira noite que dormi em Malemba: "Por trinta anos me dirigi a Deus, com humildade e sede de conhecimento, e todo esse tempo os homens imaginaram que eu estava me dirigindo a eles". Com os dias e a convivência, ganhei não apenas a confiança dos capitães-do-mato, mas até, segundo Firmino, sua admiração e absoluta fidelidade. No começo foi difícil, mas Donana havia recomendado a todos que me tratassem como gente de casa e da "nobreza" local, nunca como um estranho ou um visitante.

Era extraordinário como ela tinha confiado em mim desde nosso encontro na cozinha da fazenda, quando comemos juntos canjica. Logo na primeira semana de Malemba dei de cara com alguém que eu poderia jurar já ter visto em algum lugar e que se esquivou de me olhar de frente. A caminho do casebre, à noite, me ocorreu de repente que aquele rosto familiar, um mulato de bigode basto e barba rala no queixo, era o do capitão-do-mato que havia fingido loucura no mocambo de Dió, de nome Pedro, e que eu havia convencido Dió a soltar, em vez de matar, e a quem havia pedido que nunca mais voltasse a perseguir um escravo fugido. No dia seguinte atravessei seu caminho em Malemba e o obriguei a me reconhecer. Quando ele viu que não queria castigá-lo por sua volta ao único trabalho que sabia fazer, mostrou-se grato por sua salvação no mocambo e afirmou a mim que nunca mais fizera qualquer maldade com escravos, embora já tivesse trazido de volta dois ou três fugitivos da fazenda.

Durante uns meses ensinei aos capitães-do-mato o uso de espadas e facas de vários tipos. Dei também instrução sobre luta corporal e sobre o uso de baioneta. Gostava de acrescentar alguma coisa que sabia a cada coisa que ensinava, e sobre a baioneta contei que se chamava assim porque fora inventada e usada pelos franceses em Baiona. Apreciava saber que eles não se esqueciam das informações que eu acrescentava ao treinamento. Aos capitães e aos escravos que faziam instrução comigo procurava tratar com uma dignidade a que eles geralmente não estavam acostumados, o que criava um espírito semelhante ao que havia entre os guerreiros do Futa Jalom e outros povos da região do Níger onde vivi quando jovem. Nada fez mais sucesso no "exército" de Donana do que a arte de atirar facas de cabo leve e o treinamento para subir rapidamente nas árvores com o auxílio de uma tira de couro solta que eu fazia subir quando os pés estavam plantados no tronco.

Nas suas rondas a cavalo a senhora era seguida sempre de alguns guardas, na inspeção que fazia de quando em vez à fazenda e às cercanias. Durante a cavalgada, Donana me atirava perguntas sobre o treinamento, querendo saber quais eram os melhores aprendizes, se a idade deles fazia diferença no aprendizado, se estavam progredindo. Um dia aproximou um pouco mais a montaria do lugar onde eu estava cravando uma ferradura.

"Bom dia", falou. "Como está se dando na fazenda?" Respondi que ia bem e continuei meu trabalho.

"Estava para lhe perguntar", ela insistiu. "Você está ensinando tudo o que sabe aos capitães e aos guerreiros, ou guarda alguma coisa somente para si mesmo?", perguntou, muito séria. Não pude deixar de sorrir, antes de responder que ninguém consegue ensinar tudo o que sabe a alguém porque há coisas do instinto que nem o próprio conhece, embora possua dentro de si. Donana também sorriu e fez uma última pergunta: "Você tem todos seus dentes?". A pergunta era estranha, mas respondi confirmando com a cabeça, os olhos baixos, enquanto ela esporeava o cavalo e se afastava. A pergunta era a mesma que se fazia aos negros que chegam ao mercado de escravos na Bahia, mas não me aborreceu porque achei que havia coisa de desejo escondida nela.

Quando completei seis meses em Malemba, uma preocupação tomou conta do lugar. Um bando de malfeitores que vinha assaltando fazendas e povoações da província começou a se aproximar da nossa área e a roubar frutas, hortaliças e até gado. O chefe dos capitães me propôs que uns cinco guardas rondassem pela região para assuntar o bando e descobrir seu poder de nos prejudicar. Sugeri em troca que eu mesmo fizesse o reconhecimento sozinho, o que era menos arriscado e podia ser mais eficaz. Passei dois dias dormindo no mato em volta, armado mas sem montaria, e na segunda noite descobri o acampamento dos ladrões. Eram dez homens ao todo, fortes, bem armados, mas desorganizados. Propus que eu mesmo comandasse quatro homens, e prendesse ou matasse, conforme o necessário para acabar com o bando. Um par de dias depois trouxemos seis presos e o restante foi liquidado no ataque de surpresa que fizemos. Em vez de matar os presos como queriam os capitães, que os consideravam irrecuperáveis, propus que fossem reeducados para depois servir à fazenda como guardas. Eu mesmo me encarreguei dessa regeneração, quando descobri que eles eram antigos soldados, guias de bandeirantes, desgarrados de "entradas" e criminosos fugidos.

Quando um ano depois esses homens estavam entre os melhores que tínhamos, Donana me perguntou em sua casa (então eu já morava num alojamento que construí ao lado da casa-grande com a ajuda de Firmino, que se revelara um grande pedreiro) como eu sabia de antemão que podia dar jeito e modelar aquela gente do bando, tão bruta quando foi presa por nós. Disse-lhe que acreditava que ninguém nascia torto, que o mal se fazia aos poucos e a cura também acontecia lentamente, e que o respeito que um homem tem pelo mundo depende do respeito que ele tem por si mesmo, e esse sentimento um homem pode desenvolver em outro com um pouco de persistência e muito de exemplo. Donana me respondeu com um comentário que não entendi logo: "Você parece dois homens num só...". Mas nessa época eu já tinha liberdade para perguntar a ela o que queria dizer com isso. Achei natural que ela não soubesse exatamente o que queria dizer.

A intimidade entre nós começou com as suas visitas cada dia mais freqüentes às minhas aulas de ataque e defesa para a guarda, no quartel que tinha improvisado. Ficava às vezes quartos de hora seguidos me observando e comumente aprovando ou desaprovando com a cabeça o que via acontecer nos treinamentos. Um dia me chamou pelo meu nome africano e pediu que a procurasse no final da tarde. No seu gabinete de trabalho havia uma pequena mesa arrumada junto a uma estante e nela uma sopeira e duas tigelas com talheres. Vestida de branco e levemente perfumada, Donana falou logo que cheguei: "Disso eu sei que você gosta: canjica. Mas vamos conversar um pouco...". Conversamos sobre o treinamento, a recuperação e o aproveitamento dos presos do bando, sobre a tranqüilidade em que agora vivia Malemba e no bom que tinha sido minha ida para lá.

Depois da canjica ela quis servir um vinho, mas eu lhe disse que não bebia nada fermentado. Aproximou-se perguntando o que mais minha religião me proibia, pergunta maliciosa que já tinha ouvido de mulheres e amigos mais chegados, nas calçadas, nos quartos, nas noites da Bahia. Minha religião só me aconselhava a não me iludir de modo algum, fosse tomando beberagens, fosse acreditando em promessas, fosse perdendo de alguma forma meu discernimento que é, afinal, minha liberdade. Donana não parou um instante para pensar no que eu acabara de dizer. Naquele instante já estava decidida a fazer o que afinal fez, que foi se entregar a mim na sua cama, naquela noite. E ela me deu muito prazer então, e em todas as vezes que a tive ao meu alcance. Depois, quando um dia fui embora, isso não me causou nenhum sofrimento porque por sorte e pela graça de Deus estava atento às perdas da vida e aberto a elas a cada instante. Era por isso que minha religião me aconselhava a não me inebriar com bebidas, com desejos, com prazeres, com temores ou com meros pensamentos, mas a olhá-los e até saboreá-los enquanto eles estavam diante de mim, não antes ou depois. Donana sempre quis se manter distante disso tudo, como se se tratasse de uma fantasia que não a interessava de todo, e duvido que tenha mudado depois, pelo resto dos seus dias.

"Você tem duas pessoas num só corpo", ela voltou a dizer algumas vezes. Nunca a interroguei sobre o que queria dizer, mas com o tempo entendi que aos seus olhos aquele que lhe parecia que eu era sumia para dar lugar a um outro que ela não compreendia. A imagem que fazia de mim não combinava sempre com o que ela imaginava estar descobrindo no nosso convívio. Uma vez lhe falei que essas imagens, como outras criações do nosso espírito, eram somente miragens que nunca assentavam na realidade, mas ela não pareceu interessada no que eu dizia.

Numa ocasião, bem no começo dos nossos encontros noturnos no seu quarto, contei-lhe uma história do *Mantic uttair*, de Farid Ud-Din, o Perfumista, que decorei na infância e que calhava bem na situação. O rouxinol narrava a quem quisesse ouvi-lo que suas viagens eram sempre mais longas que as dos outros pássaros porque ele se detinha para entreter os sábios, fazer sonhar os amantes e revelar aos poetas a graça da paisagem. O corvo que não se atrasava nem se adiantava, e que fazia suas viagens no tempo que as próprias asas lhe permitiam, disse ao rouxinol que ele ficava sempre para trás não porque quisesse partilhar a beleza do mundo com os outros, mas porque precisava ouvir os louvores dos sábios, dos amantes e dos poetas e dar a si mesmo a idéia consoladora de que ocupava um certo lugar neste mundo. E o corvo então concluía: "Se é tão difícil conhecer aquele que observa, imagine como será difícil conhecer pelos olhos desse observador aquilo que é por ele observado".

Donana me olhava longamente e depois sorria. Na intimidade ela perdia aquele ar frio que conservava diante do povo da fazenda. Na presença dos outros era a mesma que eu havia conhecido, olhos apertados, lábios finos fechados que mal se abriam para falar. No quarto à noite, depois que ela me avisava no final da tarde de que estava à minha espera, era a melhor mulher branca que eu havia conhecido na cama, melhor que as filhas mestiças de portugueses e as caboclas do Tabōao na Bahia. E dizia gostar do modo como eu a amava, adiando o êxtase do corpo até não mais poder contê-lo, até que o menor movimento desencadeasse a tormenta que se prolongava muito. Nas primeiras vezes que nos encontramos me fez muitas perguntas:

"Onde você aprendeu a fazer isso? Por que às vezes me lembra tanto homens brancos, sendo negro?", ela me perguntou numa das primeiras vezes que nos encontramos nos seus aposentos.

Ou então, amolecida na cama, depois de alguns cálices de vinho: "Por que gosta de me fazer sofrer?", "Por que tem os lábios mais finos que os de outros negros?", "Que marcas são essas que tem no rosto?", "De onde veio na África e onde estava antes de chegar aqui?", "Você é liberto ou escravo?", "Por que seu nariz é meio curvo e seus traços são mais finos que os de outros africanos?".

Não respondi logo porque não estava acostumado a ser interrogado por ninguém, muito menos por uma mulher, mas com o passar dos dias aprendi a conversar deitado, debaixo dos lençóis, entre dois abraços de amor, e a falar um pouco de mim mesmo. E contei a Donana que havia nascido entre os fulas, perto de Timbo e Tombuctu, ao sul do Saara, que era filho e neto de príncipes guerreiros daquela região e que fora guerreiro ainda menino. Que os fulas tinham essa pele meio avermelhada e eram os únicos africanos que tinham essa cor, ninguém sabia o porquê. Eram também o povo negro — se é que eram negros na origem — que tinha mais barba da África Ocidental, assim como uma forma de cabeça alongada como os brancos do Norte da Europa. Aquelas marcas no rosto na forma do bigode de um gato eram feitas muito cedo nos guerreiros-meninos fulas, para distingui-los dos demais meninos do Futa-Jalom. Eram sarjas que formavam bolhas e que deixavam marcas definitivas porque eram novamente abertas quando iam cicatrizando. Meu avô e meu pai, assim como meus irmãos, tios e primos, todos os homens havíamos recebido essas marcas. Sobre o modo como abraçava uma mulher, achei melhor não dizer nada, nem ela voltou a perguntar.

Donana passava seus dedos finos no meu rosto e eu a olhava dentro dos olhos. Depois ela se levantou deixando ver seu corpo rijo muito branco e bebeu um pouco mais de vinho na mesa posta ao lado da estante. E voltou para a cama sorrindo vagamente, antecipando o prazer do que ia fazer de novo. "E de onde veio antes de chegar aqui?", perguntou uma vez com malícia, como houvesse percebido ali algum segredo. Respondi aquilo que havia combinado com Firmino dizer caso alguém nos fizesse a pergunta: "Vivia num engenho perto de São Cristóvão, na província de Sergipe. Sou alforriado". Não me lembro de Donana ter feito jamais qualquer outra pergunta sobre minha vida, até o último instante em que a vi, dois anos depois disso.

O padre Américo peregrinava nas regiões vizinhas das províncias da Bahia e de Minas Gerais, para levar a fé aos cristãos de um punhado de cidades e lugarejos, e rezava uma missa a cada mês em Malemba. Quando nos vimos no "quartel" da fazenda, senti, quando se aproximou nos dando sua bênção, que ele já tinha ouvido alguma coisa a meu respeito. Quis saber se eu era batizado e qual era meu nome de batismo. Quando respondi, chegou mais perto:

"É o nome de um imperador pagão", falou, "mas é também o nome de um papa." Sorriu e eu também sorri, confirmando com a cabeça.

"Sabia disso, Adriano?", ele insistiu, e eu respondi, depois de uma espera: "Foi um papa inglês, padre, o único papa que a Inglaterra deu ao mundo".

O padre Américo recuou um passo, admirado, e me perguntou onde eu havia aprendido isso. Informei que em Sergipe, onde tinha estudado, o que não era verdade porque jamais estivera naquela província, mas não podia mais falar a respeito da Bahia com gente desconhecida, pois isso podia me denunciar. Nesse dia a conversa ficou nisso. Donana almoçava com o padre Américo toda vez que ele aparecia em Malemba, quando falavam muito de religião e de quanto se passava na Corte, segundo ela me contava depois. O padre viajava pela caatinga e nas alterosas com sua mula e puxava outra carregando dois pequenos baús negros, com a roupa e tudo de que precisava no desempenho da sua missão religiosa, inclusive relíquias, bentinhos, rezas para ocasiões especiais que distribuía em troca de uma esmola. Era um homem alto, forte, um tanto gordo, de rosto vermelho e mãos imensas, com um sorriso sempre pronto a aflorar na boca. Bebia cerveja com visível prazer e um bom vinho quando lhe era oferecido, o que se podia ver nas garrafas vazias e nos copos que iam para a cozinha depois das refeições.

Ao fim dos primeiros seis meses de Malemba a guarda de Donana e da fazenda estava sob minhas ordens, como havia planejado desde quando cheguei. Era um pequeno exército bem treinado no uso das principais armas adotadas na época e nas lutas que utilizam mãos e pés como se fossem porretes, facas e aríetes. A idéia de fazer mole o corpo durante o combate, mole mas flexível, deu resultados muito bons naquela pequena tropa, e a comida que obriguei essa gente a comer, com predomínio de raízes e folhas, trouxe para todos uma rigidez e uma disposição que não conheciam antes. Eram cerca de vinte guerreiros infantes e seis capitães montados. Acabei impondo Pedro como comandante logo abaixo de mim porque acreditava na inteligência e na fidelidade do homem que eu havia libertado do mocambo de Dió. A tropa ajudava a conduzir nas duas direções algum gado e coordenava o plantio e a colheita de cana e café da fazenda, que não era muito grande. Mas o que mudei de fato em Malemba, e me orgulhei muito disso na época, foi o comportamento e a concepção de mundo da minha tropa, e por contágio a de boa parte da fazenda, com exceção de algumas pessoas de natureza mais rígida.

Acabei com o castigo físico em geral, fosse na forma de chibata, do tronco ou das argolas ao pescoço. Nosso pequeno exército tornou-se na verdade defensivo e restaurador, como deve ser uma tropa feita para servir à justiça e ao bem, deixando que a guerra — a grande, a verdadeira, a única que precisa ser ganha — seja a interior. Donana nunca avaliou bem o que foi feito e conservado em Malemba naqueles dois anos e dois meses, tanto que, segundo soube muito mais tarde por gente de lá que encontrei, tudo voltou a ser como era quando cheguei da Bahia com Firmino, depois de longa marcha pela caatinga adentro.

Fiquei conhecendo Malemba como a palma da minha mão, mas ao coração de alguns dos seus moradores nunca tive acesso não só porque a cada um pertence seu coração, como porque seus próprios donos nada sabiam da treva em que viviam mergulhados, e isso fazia deles homens e mulheres mortos-vivos. A mim importa lembrar o que fiz na fazenda de Donana, onde tive liberdade para mudar o que queria, exceto, como já disse, o coração de uns poucos. Nem era essa minha vontade, além de nem mesmo saber o que faria se pudesse. Importa a mim lembrar o que quis fazer, pois por meio disso posso saber, como de fato soube, quem eu era ou julgava ser então.

Lembro do longo corredor depois da escada, cujas tábuas rangiam quando eu passava à noite, as quais eu próprio calcei e preguei o melhor que pude para não ouvir meus próprios passos ressoando no silêncio. Não porque me sentisse culpado de fazer o que não devia, mas porque ressentimentos e superstições ganham força a partir de murmuração e de intriga. Os quartos no andar de cima dispunham de grandes caixas d'água que eram cheias diariamente pelo braço escravo. Fiz instalar a mesma coisa no pavilhão de treino e no alojamento e incuti nos guardas a necessidade de se lavarem diariamente. Mandei fazer sabão com óleo de coco como havia aprendido em Salvador, aquele mesmo sabão que anos mais tarde aperfeiçoei e refinei com perfume para vender no Rio de Janeiro. Na cozinha de Malemba trabalhavam quatro negras de Angola, filhas de escravos vindos para as Minas Gerais na fase do ouro e dos diamantes, todas irmãs e primas que tinham morado em Vila Rica do Pilar e eram quituteiras admiráveis. Faziam moqueca e caruru, cozinhavam fígado, bofe e miúdos, papa grossa de farinha de mandioca. Mas era o "funge de carne" de Angola que elas faziam bem com carne de boi. Consegui que elas não cozinhassem mais com gordura de porco e fizessem costeletas desse animal para Donana apenas uma vez por mês, e não mais toda semana. As irmãs secavam pescado, ao lume, depois ao sol, de sabor picante, mas por insistência minha passaram a servir mais peixe fresco de rio. Fiz boa amizade com essas mulheres de Malemba, que afinal aprenderam comigo o versinho de Gregório de Matos que o Malasartes me fez decorar para que todos declamássemos com o pessoal da cozinha de sua casa na Bahia:

A linha feminina é carimá
Moqueca, petitinga, caruru

Mingau de puba, vinho de caju,
Pisado num pilão de Piraiá.

Uma noite em que havia começado a ensinar Donana a tocar o berimbau, ela mostrou curiosidade a respeito de tanto riso que ouvia na cozinha quando eu estava por lá. Contei que eram os versinhos maliciosos que eu repetia com temas da culinária africana e portuguesa, juntamente com o meu jeito abrutalhado de gesticular, o que causava tanto riso. "Soube que vocês ficam bebendo aluá enquanto as meninas cozinham...", disse Donana, forçando um sorriso. "Não é aluá, é pitó de milho. E são elas que bebem um pouco porque acham que assim cozinham melhor. Eu nunca bebo, a senhora sabe...", respondia, enquanto ela me olhava no fundo dos olhos. "Quero dizer uma coisa, Muçá. Se souber que você faz xodó com outra mulher em Malemba, prefiro que se vá embora daqui..." Bobagem, bobagem, não tinha isso de fazer xodó com ninguém por lá. Dizia isso fazendo soar de leve o berimbau, e na ocasião era pura verdade o que dizia.

Ao fim de um ano e três meses em Malemba, padeci um grande sofrimento. Fui acordado um dia de madrugada por Pedro no meu alojamento e me sentei na cama sabendo que alguma coisa séria havia acontecido. Um sentinela tinha encontrado Firmino muito ferido perto da cerca externa da fazenda, e era bom que eu fosse lá antes que o trouxessem para a casa-grande. Entendi muito mal o que estava acontecendo, mas me lavei rapidamente e corri com o capitão-do-mato na direção oeste. Da porteira por onde havia entrado na primeira vez que cheguei a Malemba, vi meu amigo caído de bruços e embaixo dele uma poça de sangue. Quando virei seu corpo vi que estava morto, o sangue próximo das feridas, no peito e na barriga, já estava coagulado. Morto por faca, por duas facas pelo menos.

Minha garganta se apertou, lágrimas me subiram aos olhos enquanto Pedro me olhava espantado. Outros guardas davam mais detalhes: o escravo Lúcio, um negro meio anão que não pertencia à guarda, tentara fugir durante a noite e deu de frente com Firmino, que tentou segurá-lo sem saber que ele estava armado. O fugitivo tinha escapado a pé pela caatinga na direção sul, diziam dois guardas, apontando no mesmo sentido. Mandei selar o "Peão", um cavalo em que confiava muito, e galopei naquele rumo, tendo corrido até perto de meio-dia sem encontrar viv'alma, nem sinal do negro. As pegadas se perdiam numa fonte e eu não tinha certeza de que se tratava dos pés de Lúcio. Enquanto buscava, cavalgando de um lado para o outro, não podia entender como aquilo havia acontecido, mas tive de me conformar em perder a pista do matador de meu amigo. Voltei, conversei até tarde da noite com Pedro e a gente da guarda, e não ficou apurado nada. Enterramos Firmino no dia seguinte, e junto à sua cova fiz uma oração da nossa fé voltado na direção de Meca.

Donana pareceu triste com a perda e acendeu uma vela no seu oratório por meu amigo. Entre os homens da guarda não se falou em outra coisa nos dias que se seguiram. Pedro me perguntou de modo solene qual devia ser nosso comportamento, em vista da minha desaprovação da escravatura, quando um serviçal ou um guarda negro fugisse. Disse-lhe que o novo tratamento que se dava aos negros e empregados da fazenda criava uma obrigação moral de lealdade a que ninguém deveria faltar, mas que se o escravo tivesse recebido tratamento injusto como aquele que os brancos portugueses davam a eles, era legítimo seu direito de escapar. Esse, no entanto, não era o caso do matador de Firmino, que eu queria prender e justiçar.

Um mês depois de tudo isso o padre Américo fez uma das suas aparições em Malemba, e tendo ido assistir aos exercícios da guarda a meu convite, conversamos mais demoradamente. Ele tinha se impressionado com o fato de um negro como eu saber que existira um papa inglês com o nome de Adriano e estava naturalmente cheio de desconfianças. Como eu achei desde o início que ele podia suspeitar da minha participação na revolta de há dois anos em Salvador e, sabedor disso, informar as autoridades, inventei por precaução detalhes que serviriam para desorientá-lo, se me interrogasse. Mas depois da parada e da ginástica, que ele aplaudiu com entusiasmo antes mesmo que os guardas se perfilassem para pedir sua bênção, fez perguntas sobre minhas origens na África e as respostas que dei pareceram-lhe satisfatórias.

"Meu filho, me diga uma coisa: Jesus, para você, quem é Jesus?", perguntou com seu sotaque do Norte.

"Antigamente, para mim era um profeta," respondi, solícito. "Depois que me converti acredito que ele é Filho de Deus."

O padre Américo abriu-se num sorriso: "Como eu pensava, Adriano, sua conversão foi sincera...".

Ao fim do primeiro ano senti, sem modéstia, que meu espírito de organização havia contagiado Malemba. Do menor escravo e das mulheres do serviço de cozinha e da limpeza até os lugares-tenentes de Donana, todos desempenhavam suas tarefas com simplicidade e eficiência. A indolência de uns e a improvisação de outros foram substituídas pela disciplina consciente de que ninguém se envergonhava, como era comum nos meios em que eu vivera no Brasil. Os portugueses, os índios e alguns africanos do Sul do continente negro tinham uma espécie de pudor em relação ao dever, à ordem e à simetria. Esta última era uma palavra que eu havia aprendido com o Malasartes, tirada dos franceses que lia, e se referia à ética e à estética ao mesmo tempo. Era como se no Brasil, quero dizer, na Bahia, que era tudo o que eu conhecia de Brasil, essas provas de equilíbrio indicassem fraqueza e pieguice. Em Malemba havia conseguido mudar as coisas, e isso me alegrava.

Mas daqueles dois anos, dois meses e um dia que passei na fazenda de Donana, os três últimos meses foram os mais tristes, e o que inaugurou essa fase, por contraditório que pareça, não trouxe infelicidade de modo algum, pelo contrário. Em dezembro de 1837 nós recebemos a notícia de que um grupo de negros fugidos de um mocambo vinha na direção de Malemba e enviara na frente uma comissão de três homens para nos pedir que os recebêssemos porque muitos deles estavam doentes e todos estavam famintos depois de muita caminhada pela caatinga. Mandei dizer, sem consultar Donana, que seriam todos bem-vindos na fazenda se quisessem se juntar a nós para trabalhar e viver em paz.

Quando fui avisado de que o grupo chegara, desci até o pátio para examinar seu pessoal. Fui a pé, a camisa aberta no peito, falando com uns e com outros, perguntando aos feridos e doentes como se sentiam, e no meio do grupo parei como se tivesse o coração varado por uma flecha. Diante de mim, chorando e sorrindo, estava Olufeme trazendo uma criança pela mão. Nós nos abraçamos por um longo tempo, enquanto eu sentia seu calor.

"É seu filho, Muçá", ela falou no meu ouvido.

Tomei o menino no colo e o olhei de perto. Lembrava meu irmão menor, Mohamed, que deixei na África e nunca mais vi. Perguntei se já tinha nome e ela me disse que no quilombo era chamado Fasaha. Aos poucos percebi que Olufeme havia conservado a mesma beleza do tempo em que a conheci no mocambo de Dió, a do corpo e a do rosto. Sua cabeça quase raspada tinha a forma perfeita que eu tanto havia admirado, com o nariz pequeno e os lábios bem marcados que lhe davam uma expressão severa. Seus peitos duros e bem torneados não mostravam que ela amamentara por muitos meses uma criança. Mandei servir um jantar para os recém-chegados na antiga senzala da fazenda, mandada modificar por mim havia mais de um ano, já então com refeitório e dormitório como num quartel, com áreas separadas para homens e mulheres conforme a boa tradição islâmica. No dia seguinte Donana me convocou para passar a noite com ela, e pelo que pude adivinhar já soubera da chegada de minha antiga mulher com um filho meu. Lembro até hoje que nessa noite havia no céu uma grande lua cheia e reinava na caatinga a calmaria comum nos meses vizinhos da passagem do ano.

Margeando o São Francisco

1838

Os últimos três meses de Malemba, como já disse, foram os mais agitados e os mais tristes de todo o tempo que passei lá. A chegada de Olufeme com o pequenino Fasaha foi o único instante feliz desse período, e não teve qualquer influência nos acontecimentos que se precipitaram. Ela entendeu logo que às vezes eu dormia com Donana e que isso não mudaria depois da sua chegada em Malemba. Por seu lado, a fazendeira me fez algumas perguntas sobre Olufeme e tudo o que lhe respondi correspondia à verdade. Nada disse sobre o que pensava a respeito da permanência de minha amiga e da criança conosco. Dormi com as duas mulheres esses três meses em dias alternados, e com Olufeme foi como sempre uma combinação de amor e desejo que nunca tinha fim, enquanto com Donana era somente prazer que se dissipava depressa. Quando voltava de manhã para o meu trabalho na fazenda não me lembrava mais dela a não ser como a senhora da casa à qual devia lealdade.

Olufeme me falou das pessoas que tinham vindo com ela, fugidas da invasão do mocambo por tropas bem armadas e financiadas pelas fazendas da região. Contou que Dió acabou morrendo com uma faca no coração, mas que até seu último momento fora sempre bom para todos no mocambo, tendo mandado que a auxiliassem quando ela teve sua criança. Dió falava com freqüência a meu respeito e na gratidão que tinha guardado por tê-lo curado das suas mazelas. "Seu marido é um grande médico fula e eu queria que ele voltasse para morar conosco", dizia para Olufeme, que lhe respondia que a qualquer instante eu poderia aparecer de volta. Dió disse a todos no mocambo que ninguém ia pegá-lo vivo, se os "macacos" viessem como estavam prometendo, e de fato matou meia dúzia de tropeiros e um capitão-do-mato que quis amarrá-lo depois de atingi-lo com um tiro na perna.

Vieram no grupo seis mulheres, cinco crianças e oito homens, com alguma comida tirada da despensa de Dió na manhã da invasão, bem como lanças e facões, entregues a Pedro na entrada de Malemba. Com eles tinha vindo alguém que me conhecia de Salvador, o nagô João, que tinha participado da revolta e desejava me encontrar. Fora João quem havia aprendido com o índio Barê o caminho para Malemba, guiando os fugitivos. E Barê fora um dos primeiros a morrer na invasão do mocambo. Achei necessário prevenir Olufeme para que não revelasse a Bahia como meu lugar de origem, e pensava que assim devíamos fazer com João, evitando que ele falasse com qualquer pessoa em Malemba sobre a revolta malê em Salvador, uma vez que aqueles que participaram dela ainda iriam ser perseguidos por muito tempo.

Era um negro magro, com uma pequena pêra sob o lábio grosso, de mãos e pés muito longos, o João. Lembrei-me dele logo que o vi, enquanto ele corria para me abraçar. Antes de qualquer coisa expliquei por que era preciso manter segredo sobre nossa participação na revolta malê. O nagô João concordou e em voz baixa me contou, enquanto Olufeme dava colheradas de feijão pisado ao pequenino Fasaha, alguns acontecimentos ocorridos após minha fuga de Salvador. Esmagada a revolta, os nagôs, tapas e hauçás foram duramente perseguidos na capital da província. As autoridades haviam espalhado que os rebeldes tinham a intenção de "matar todos os brancos, pardos e crioulos" da cidade. O alufá Pacífico Licutã foi açoitado até a morte na prisão, segundo se contou na Bahia, e a tapa Guilhermina, que havia delatado o movimento, também foi morta a facadas em sua própria casa, pela traição contra os de sua raça e sua fé. João me fez lembrar de que ele trabalhara para o inglês Abraham, juntamente com Diogo, Jarmar e Daniu, que receberam todos eles sentenças de quatrocentos açoites.

João tinha se escondido na casa de uma mulher no Taboão, a Janaína, que sempre sonhou ter um homem só dela para fazer com ele um filho, o que afinal conseguiu, embora João tenha partido logo depois de tê-la engravidado, deixando-a em prantos atrás da porta. E havia corrido em Salvador que eu fora morto em Água de Meninos, assim como Firmino e outros, e nossos corpos levados pelo mar. O fato é que morreram mais de cento e cinqüenta malês, em combate, afogados, nas prisões vítimas de espancamento, chibata e de tétano, ou então julgados e condenados à morte. Sobre Maria Adeluz nunca mais soube nada, talvez estivesse morta. Contou João que o liberto Jorge da Cunha Barbosa fora fuzilado em público porque não se encontrou carrasco que quisesse enforcá-lo, e que antes de morrer falou com voz forte e em linguagem clara que era mil vezes preferível morrer a viver como escravo. E houve muita tortura, lembrando-se João de dois nagôs, seus irmãos de sangue, de nome Joaquim e Henrique, que resistiram a todas as crueldades sem denunciar ninguém; este último disse uma frase final, que a Bahia não se cansou de repetir depois nas calçadas da Cidade Baixa: "O que disse está dito até a morte!".

João me emocionou muito com a sua narrativa. Disse no final que "agora mesmo, no instante em que estamos aqui em segurança, conversando sobre o acontecido há alguns anos, está ocorrendo na Bahia uma outra revolta grave e sangrenta como a anterior, mas com outro tipo de gente", segundo soubera por um nagô que primeiro seguiu o grupo para o Sul e depois viajou sozinho para o Leste. Os revoltosos queriam desligar, naquele exato momento, a Bahia do governo regencial, criando uma república provisória. O chefe da revolta era um médico branco, um certo Sabino, e entre seus comandados havia brancos e negros.

Mas João me disse que na sua vida, agora, queria mesmo era um pouco de paz e tinha esperança de conseguir isso em Malemba com a minha ajuda. Paz e trabalho, acrescentou. Disse a ele que essa era hoje a minha divisa, portanto não tinha com o que se preocupar. Não podia imaginar, quando lhe disse isso, que era eu quem estava para perder meu sossego por algum tempo.

Tudo aconteceu muito depressa naqueles três meses. No dia seguinte ao da minha conversa com João, o capitão-do-mato Pedro me procurou para o que disse ser uma conversa reservada e séria. Prendera um jovem negro que havia algum tempo queria ser guarda e sempre tinha inspirado muita desconfiança nele. Esse sujeito, Martins, bebendo às escondidas com outros escravos, havia contado que ele próprio matara Firmino. Levantei da minha cadeira quando ouvi isso. Escutei até o fim o que Pedro tinha a dizer a respeito e mandei que me levasse até o preso em sua cela, pois desejava ter com ele uma conversa sozinho. Conhecia Martins de vista, como um jovem que sempre me fazia continência onde me encontrasse na fazenda.

Prendi suas mãos atrás das costas e pedi-lhe que contasse depressa tudo o que sabia da morte de Firmino. Negou, sorriu, chorou e quando sentiu seu pescoço na iminência de ser torcido por mim, falou o que estava guardando. Matou Firmino com duas facadas na porteira oeste da fazenda porque Firmino havia roubado um dinheiro dele. Essa não era a verdade que eu queria, a pura verdade. Forcei seus dedos para trás e eles estalaram. Firmino havia perdido dinheiro para ele no jogo de dados e não quisera pagar, falou quase gritando. Insisti na pressão e ele gritou de fato. Martins disse com voz de choro que não sabia por que tinha feito aquilo, que havia enlouquecido e matara o primeiro que encontrou. Afundei um polegar no seu olho direito e ele gritou de novo, pedindo que o matasse logo. Disse-lhe no ouvido que iria morrer devagar, se não contasse tudo.

"Foi Afonso que me pagou e me mandou", disse ele, quando fiz seu braço estalar. Derrubei o homem com um soco no ouvido e saí atrás de Pedro, que estava próximo.

"Quem é Afonso?", perguntei-lhe, e vendo meu rosto, ele empalideceu.

"É da guarda, o senhor conhece." Mandei que o trouxesse preso imediatamente até a sala que havia construído no fundo do quartel. Afonso era um negro jovem e muito forte. Quando chegou empurrado por dois homens, ele tremia da cabeça aos pés. Disse-lhe que só havia um jeito de ele sair vivo daquela sala: era contar tudo o que sabia sobre a morte de Firmino. E depressa! Murmurou que tinha ódio dele sem um motivo qualquer e que... Dobrei o Afonso sob meu joelho e montei nas suas costas. Com a minha faca comecei a cortar uma das suas orelhas, enquanto falava junto da outra. Mais outra mentira e cortava ele em pedaços pequenos, aos poucos. Agora ia ser somente a orelha — e a cortei de fato, sem vacilar, sem tremer, sem ódio algum. Em seguida havia sangue em toda parte, nas costas do infeliz, no chão, no meu braço direito. A voz de Afonso havia afinado, ele falava num tom esganiçado, mas eu podia entender perfeitamente o que dizia: "Foi a mando de Donana, foi Donana, comandante, não me mate...".

Pedro ficaria pessoalmente encarregado daquele caso. Os dois sujeitos iriam ficar acorrentados em celas diferentes, alimentados e visitados apenas por ele, Pedro, até que eu tomasse uma decisão a respeito. Nada mais disse a respeito e em pouco já havia afastado as emoções fortes do meu coração. E mantive minha rotina na fazenda pelo resto da manhã e da tarde. Para o dia seguinte Donana havia marcado uma ronda a cavalo, como gostava de fazer, acompanhada por três capitães-do-mato e dois guerreiros a pé. Como nunca a acompanhava nesses passeios que eram pura ostentação, decidi que no dia seguinte iria continuar minhas investigações.

Fui bem cedo até seus aposentos e peguei as chaves das outras portas nos lugares onde sabia que estavam escondidas: sob o tapete, embaixo do oratório, atrás de um quadro do Coração de Jesus. A grande escrivaninha, finalmente, gaveta por gaveta foi olhada com minúcia, até que entendi que a segunda do lado direito tinha um fundo falso, como já tinha visto na casa do

Malasartes e onde era guardado o que havia de mais precioso. Era preciso retirar a gaveta e abrir o fundo removendo um grampo colocado do lado oposto ao do puxador. Se não cedesse logo era preciso insistir, na outra direção. Envelopes lacrados e dois cadernos de capa grossa anotados à mão com tinta roxa, na letra bem trabalhada mas não naturalmente bela de Donana, apareceram imediatamente. Tinha pelo menos duas horas para ler tudo o que pudesse, mas não deveria ser ali ao lado da alcova da senhora. Levei os cadernos sob a camisa, passei as chaves nas fechaduras todas e fui até meu quarto, pedindo antes a Pedro que me deixasse bem quieto por uma hora, a não ser que Donana estivesse de volta, caso em que devia me avisar. Eram anotações começadas havia sete anos e meio, pelo menos, e certamente mantidas em segredo porque até certo ponto havia inversão de letras e números que pareciam indicar segredos. A partir de setembro de 1832, os sinais misteriosos sumiram e e em seu lugar surgiu uma linguagem mais franca e uma letra mais clara, anotada com vagar e premeditação.

Uma nota com aquela data aproximada (não me lembro dos detalhes) me arrepiou o pêlo do pescoço: "Um pouco no leite, um pouco na sopa à noite, o remédio do L. está fazendo efeito em Diogo. Ele não se levanta da rede há três dias, a não ser para ir ao quarto de banhos, o que faz muito lentamente com a minha ajuda. Sua resistência me deixa atemorizada, é como se nada fosse suficiente para acabar com aquela vida. E no entanto...". Interrompi a leitura e olhei pela janela, tomado de revolta. "E no entanto, acho que agora tudo se resolve sem necessidade de aumentar as doses como L. me recomendou, o que importaria no risco de o remédio deixar marcas no corpo, a começar pela boca, denunciando claramente o envenenamento. Já me sinto mais livre agora que posso anotar aquilo em que penso, o que antes não fazia por temer que ele... Agora ele me chama, da pequena sala onde arranjei um quarto de doente com uma rede, como ele está acostumado, e longe da cama grande onde em breve vou poder dormir com aquele que amo, e que por enquanto não pode nem subir aos nossos quartos."

Saltei trechos, voltei para entender situações e me familiarizar com nomes, avancei páginas para compreender o andamento da história, e de tudo me ficou um horror profundo por Donana e uma vontade quase incontrolável de lhe apertar a garganta com toda a minha força, até que seus olhos e sua língua saíssem da cabeça, como o dos enforcados. No corredor vi Pedro postado mais adiante, fiel ao que lhe recomendara. Subi aos aposentos de Donana, abri todas as fechaduras e repuz no lugar, exatamente como me pareceu que estavam, seus dois cadernos encapados em tafetá azul, o diário de uma mulher bela, mas de fato uma criatura com o espírito apodrecido, já condenada à treva e ao fogo em plena vida.

Nesse mesmo dia falei com Ondina, a negra mais velha da fazenda, e a interroguei sobre alguns personagens encontrados nos cadernos, somente identificados com as iniciais. De Diogo Pereira sabia a história, era filho do fundador de Malemba, Jerônimo Pereira. Diogo herdara a propriedade e aumentara sua riqueza em café, algodão e cana-de-açúcar. Casou-se com a menina Ana, bonita e pobre, de Vila Rica do Pilar, e com ela teve três filhos, os três mortos de febre em Malemba, antes de completarem dois anos. A menina era muito nervosa quando veio para a fazenda, mas com o tempo se revelou enérgica e dominadora, e afinal fez o coronel Diogo sofrer muito com ciúme (Ondina não soube ou não quis explicar de que maneira). O coronel era homem forte e muito saudável, mas nos últimos dois anos de vida ficou muito doente, não querendo mais comer nem sair, sempre vomitando e tendo muitos suores à noite. Ondina lavava os lençóis do casal até que Diogo mudou-se para o pequeno quarto com a rede. Donana no começo viajava até Vila Rica com freqüência para tratar, segundo dizia, dos interesses de Malemba, mas nos últimos meses de vida do coronel não saía mais de casa.

Os amigos vinham com freqüência visitar o doente, e pessoas como o dr. Leôncio (era esse o L.), o padre Américo e empregados como os capitães-do-mato que ela mandava vir de Vila Rica foram de imensa dedicação ao casal, visitando a casa quase todos os dias. Ondina viu uma vez o dr. Leôncio receitando remédios para o coronel na sala de visitas, tendo Donana em pé ao seu lado, enquanto as lágrimas caíam pelo seu rosto sobre o papel em que escrevia. Era um homem bom, o dr. Leôncio. E onde andava hoje, eu quis saber. Morreu também, dois anos depois do coronel, com um tiro acidental dado por um escravo durante uma caçada que fazia aqui na vizinhança de Malemba. Donana ficou muito triste e dizem que mandou dar um sumiço no escravo. Ondina ia falando enquanto temperava uma carne assada. Disse a ela que agora tinha de trabalhar. Elogiei sua memória e sua fidelidade à família e me afastei devagar. Minhas mãos estavam frias e meu coração batia forte.

Na semana que se seguiu procurei mostrar absoluta normalidade aos olhos de Donana. Fui ao seu quarto num domingo mas me senti incapaz de tocá-la, embora ela tivesse me puxado para a cama algumas vezes. Aleguei dor nas costas provocada pelo esforço de remover uma viga no porão e me conservei imóvel ao seu lado até que ela, que havia bebido muito vinho, adormeceu profundamente. Fui em silêncio até o pequeno quarto que havia destinado a Olufeme e ao menino e a beijei, até que ela acordou e me abraçou. A semana passou lenta, e o que havia lido naqueles dois cadernos me acompanhava para onde eu fosse, fazendo a cada instante mais sentido. Quando Donana saiu para o passeio semanal na outra quarta-feira, peguei novamente os cadernos e os levei para o meu quarto, tendo o que faltara ler antes, onde meu nome aparecia com freqüência nas várias entradas assinaladas por ela. Dizia que não me amava com o coração, mas que me desejava com o corpo, como havia acontecido quase sempre no passado com outros homens. Num apontamento de três anos passados Donana falava numa escrava, a Cota, quase uma menina, que a atraía por sua graça e aparente inocência e que ela finalmente possuiu — pelo que pude entender, tirando também sua virgindade com um objeto que ela diz ter guardado para essas ocasiões. E em seguida fez o casamento dessa moça com Eustáquio, um escravo que ainda trabalhava na fazenda no meu tempo, que com ela teve dois filhos.

O mais espantoso era que Donana tinha encontros íntimos também com o padre Américo e isso já acontecia dois anos antes da minha chegada, quase todas as vezes em que ele pousava em Malemba. E dizia numa das anotações que desconfiava de que o padre Américo tinha "muitas mulheres nos vilarejos e fazendas que visitava nas regiões próximas da fazenda, nas províncias da Bahia e das Minas Gerais". Mas considerava o padre uma pessoa cansativa e dada a pregar sermão em ocasião indevida, embora fosse um homem vigoroso. A morte do médico Leôncio foi uma necessidade, também. Ele havia ameaçado Donana com uma faca, uma noite em que havia bebido demais, pouco tempo depois da morte do coronel Diogo. Ele queria umas peças de ouro que o coronel havia escondido sempre numa caixa que guardava sob a cama, sobre as quais a própria Donana lhe contara.

E aí vinham as anotações que no primeiro instante me feriram como facadas, as que se referiam a Firmino. Donana confessava que havia seduzido meu amigo mais para desafiar sua lealdade por mim do que por qualquer desejo fugaz que ela pudesse ter sentido pelo meu amigo. Firmino havia estado meia dúzia de vezes no quarto dela, em dias e horas em que eu estava repousando no meu cubículo do "quartel", a cinqüenta metros dali, mas nunca chegara a dormir lá. Ficava um instante em cima dela, aturdido e voraz, e depois ela o mandava embora. Mas ele lutava com a própria lealdade e se tornou um amante nervoso, ressentido, que um dia confessou a Donana que iria embora para sempre de Malemba, mas antes queria contar tudo a mim porque me estimava como a um irmão. Donana tentou convencê-lo com todos os argumentos de que não deveria fazer aquilo, que o recompensaria se não fizesse, e afinal o ameaçou veladamente. "Quando ele me disse que não adiantava, que ia mesmo partir, mas que antes falaria com Muçá, aparentei concordar mas lhe pedi uma semana de prazo", anotou Donana, "para que pudesse também pedir perdão a Muçá pela traição. Isso me deu tempo para fazer o que afinal fui obrigada a fazer ou a mandar fazer." Acabei a leitura amargurado, e naquela noite permaneci longas horas sentado na cama, pensando. Não somente no que deveria fazer, pois nisso já vinha pensando havia alguns dias, mas me esvaziando interiormente para que pudesse ver os fatos como eles eram, não como eu os revirava no meu espírito mediante meus temores e minhas necessidades. Não havia traição que me incomodasse, se é que no mundo havia alguma coisa real que correspondesse a esse nome. Era a alma de camaleão de Donana e o desespero repisado na alma de Firmino que me deixavam penalizado. Em relação a ele não havia o que perdoar; a ela, não havia o que odiar, e o que restava daquilo tudo era a confirmação do que já sabia sobre a essência humana — e aquilo que, dessa essência, existia em mim como potência. Não para ser amaldiçoado, porque essa é somente uma reação, mas para ser entendido com transparência, o que é ação pura, e não mero jogo de figuração, malha de palavras que alimentam a vaidade dos homens — a minha vaidade. Pouco antes de o sol nascer, quando o céu começou a avermelhar sobre os buritizeiros, tudo me parecia bem definido e meu íntimo estava muito sereno.

 Falei com Olufeme nessa mesma tarde, enquanto ela descansava da lavagem de roupa e dava de comer a Fasaha e eu retornava dos treinamentos com a guarda. Não dei detalhes e apenas pedi que confiasse em mim. Íamos partir em dois dias, nós e o menino, para uma longa caminhada pela caatinga. Que ela fosse pensando no que precisava levar, que eu também pensaria. Iríamos sair de madrugada e que ela não falasse nada a ninguém sobre isso. Eu cuidaria de levar alguma coisa que pudesse ser trocada por hospedagem e comida durante alguns dias, o resto era com ela. Daquele momento em diante tudo o que fazia tinha o sentido de me preparar para a partida definitiva de Malemba. Achei que podia confiar em Pedro e nunca me arrependi disso. Falei da minha decisão e o aconselhei também a partir para que nenhuma vingança recaísse sobre ele, que era pessoa da minha confiança. Disse-me ele que sairia na mesma hora que eu, mas iria para o Leste em vez de para o Sul. Seria então no domingo de madrugada, porque Donana já me avisara de que eu deveria subir para o seu quarto no sábado à noite.

Quanto a mim, sabia o que faria com todas as minúcias, e me sentia senhor da situação.

No sábado avisei que não daria instrução e treinamento e andei pela fazenda como quem visita uma propriedade que deseja comprar. Olhei cada detalhe para não me esquecer tão depressa, e assim vi pequenas coisas em que nunca tinha posto reparo antes. As pequenas flores azuis junto da casa-grande se alastravam para debaixo dos barracões que tínhamos construído, e bastava curvar a cabeça para ver aquele exército anônimo que se mantinha belo e viçoso na obscuridade onde ninguém o procuraria. Enquanto isso, por cima de tudo, via a agitação e a febre dos homens, que constroem e derrubam, fazem planos, têm ódio e sentem amor, que dão nome a tudo no desejo de tudo controlar e se agitam a mais não poder, sempre com alguma finalidade — como se soubessem que finalidade vale a pena e faz sentido. Depois das flores vi os animais no cercado, cavalos aqui, porcos bem mais adiante, cabritos e carneiros, e finalmente os bichos domésticos circulando por toda parte, todos eles apenas o que eram, sem qualquer idéia a respeito de si próprios, quase diria inocentes na sua essência. Falei com Ondina para saber do seu reumatismo e ela me contou outra história antiga da fazenda, mas agora eu já não me interessava por mais nada daquilo. Apesar disso sorri e passei minha mão na sua carapinha branca. Olhei de longe os escravos que eu agora chamava de trabalhadores, debruçados nas suas tarefas e felizes como se fossem livres. Talvez alguns deles fossem livres por dentro, o único lugar onde se podia ser livre, dentro do coração, mas somente cada ser humano por si mesmo podia saber disso, se é que podia mesmo.

Juntei no meu quarto sob a cama o que iria levar comigo, em duas sacolas bem firmes, e levei para lá a pequena bagagem de Olufeme e de Fasaha, mas essa eu escondi no fundo do armário para evitar que alguém a visse. Tomei um banho, vesti a camisa branca bordada de que a senhora gostava e subi lentamente para os aposentos do primeiro andar. Estava disposto a aparentar normalidade, e foi com um ar despreocupado e sem pressa que abri para Donana duas garrafas do vinho branco que ela mais apreciava. Falamos da égua que quase havia morrido de manhã quando pariu uma cria, conversamos sobre as goteiras que a última chuva de quarta-feira havia deixado no quarto de banhos de Donana, ela comentou a limpeza que tinha encontrado na hospedaria dos escravos, ou dos empregados, como agora se falava. Donana tinha o ar distraído de sempre, e seus braços roliços não paravam de se mover sobre a mesinha junto à estante, pegando pedaços de bolo, pastéis de queijo, bolinhos de aipim, croquetes de carne e as balas de coco como só a Ondina sabia fazer. Olhei seu rosto de perfil e pensei com alguma tristeza que nunca mais o veria em toda a vida, mas em seguida entendi que deveria ter dito interiormente "em minha vida", pois Donana só me dava pena de perder enquanto se perdia com ela uma parte de mim, o testemunho do nosso convívio, nada mais.

Não estava querendo me convencer disso, era a verdade pura e simples, uma vez mais olhada de frente, nem sempre agradável mas verdade. No fundo era somente isso — perder de vista era como a morte, e perder alguém que me conhecia na intimidade era fazer uma ligação qualquer com a morte mais temida de todas, a minha própria morte. Aquela pena de deixar tudo para trás tinha um parentesco de sangue com a morte, a morte que eu temia e um medo que eu alimentava em algum lugar perdido em mim. Naquela noite, vê-la tão de perto, acariciar seu corpo e deixar que ela acariciasse o meu foi como chegar um pouco mais perto do "outro", quero dizer, daquele que é como eu mas não sou eu.

Comemos deitados, rimos já não me lembro de que, e ela bebeu um pouco mais do que bebia normalmente, como se tivesse um desgosto que ela própria não soubesse qual era. Fiquei sobre ela até que adormeceu e me levantei devagar, mesmo sabendo que até tarde da manhã seguinte nada a tiraria do sono em que já estava mergulhada. Caminhei em silêncio até o armário das roupas, afastei uma pequena trava e levantei a tampa de um fundo falso. De uma caixa de madeira envelhecida tirei cinco pepitas de ouro do tamanho da unha do polegar e, ao partir, deixei tudo como estava quando cheguei. Não olhei para trás quando cruzei a porta, porque então já estava pisando no futuro, e além disso poderia voltar ali o quanto quisesse com o auxílio da memória. Olufeme estava no meu quarto com o menino, terminando de amarrar uma trouxa que iria levar. Caminhamos até o portão de Malemba, e Pedro já nos esperava lá, com um pequeno pacote de objetos e suas armas, para a viagem. Acho que ninguém nos viu quando saímos da fazenda, alta madrugada. Havia uma neblina baixa sobre os campos ao redor, e uns galos cantavam bem longe atrás de nós. Caminhamos os quatro em silêncio, o menino ainda adormecido no colo de Olufeme, até que uma hora depois nos separamos, ao lado de uma pequena lagoa que eu nunca havia visitado.

Pedro nos abraçou e me surpreendeu com algumas lágrimas brotando nos seus olhos. Seguiu para o Leste, e só retomamos o caminho quando ele sumiu na névoa, além da sombra de um buritizeiro. Peguei um pouco o pequeno Fasaha no colo, para que Olufeme carregasse nosso fardo. Acampamos seis horas depois ao lado de um grande rio cujo nome não me lembro, mas que bem poderia ser o Urucuia de que me havia falado Pedro uma vez. À nossa frente havia uma pequena serra que devia ser uma acomodação da grande cadeia que tinha visto ao chegar a Malemba. Acampamos, comemos, e Fasaha chorou um pouco sem que soubéssemos o motivo. Na manhã seguinte comecei a fazer a jangada de seis paus que sabia armar bem depressa. Sua construção tinha de ser feita dentro d'água para que os paus não se separassem ao se molhar. Antes do meio-dia estava pronta, com o remo e a banqueta que amarrei em dois paus. Navegamos nela por cinco dias, num pequeno rio que ia para o Sudeste, aos poucos deixando para trás as serras e os campos mais bonitos que jamais tinha visto até aquele dia. A paisagem mudava depressa, e as colinas que eram cada vez mais numerosas pareciam também cada vez mais verdes e as árvores mais viçosas. A caatinga ia ficando para trás.

Afinal, desistimos da jangada quando ouvimos ao anoitecer de um dia o marulhar do que deveria ser a grande estrada d'água do São Francisco. Fomos então pela margem, acampando e pescando peixe grande e bom como não comia havia muito tempo, Olufeme improvisando comida que buscava no mato e cuidando de Fasaha, acompanhando a margem contra a correnteza vários dias, sem encontrar vivalma nem animal de grande porte.

Onde o rio ficou mais largo e vagaroso fiz de novo uma jangada de seis paus, e fomos para a outra margem num dia de chuva, muito cedo, cobrindo a cabeça do menino com folhas de bananeira para que não se ensopasse. Olufeme e eu remávamos no mesmo compasso sob o chuva que escorria por nosso rosto e pelo corpo, e eu via seu rosto jovem sorrindo para mim como se olhasse o céu e tinha a certeza de que aquela ia ser minha mulher para sempre, como de fato queria que acontecesse. Dormimos longe da margem porque havia muita lama das inundações por ali e seguimos para o Sul até que avistamos uma cidade grande ao longe. Parei numa capela e, depois de esconder mulher e filho numa touceira, perguntei a um rapaz que trabalhava a terra que lugar era aquele. Olhou com espanto para meu rosto e disse que era Pirapora, e eu voltei para pegar Olufeme com a criança e seguir caminho. Depois de dois dias de andança, topamos com outro rio bem largo que subia para o Norte e que eu soube depois se chamar Guaicuí. Esse nós seguimos também pela margem porque ele ía bem para onde íamos.

No segundo dia em que margeávamos esse rio largo, vimos ao longe uma boiada tangida por um moço magro e curtido pelo sol, montado num cavalo também muito magro. Fui sozinho ao encontro dele, fazendo um aceno de paz, ao qual ele respondeu tirando as mãos da espingarda que trazia presa à cela e cujas tiras de couro caíam pelos lados. Disse-me o nome do rio, indicou que Mercês ficava a dois dias de caminhada dali, respondeu que não tinha rapadura para vender, mas falou que em Mercês eu encontraria tudo e virou na montaria para olhar seu gado que ia adiante dele. Agradeci, ele não respondeu e nos separamos.

No dia seguinte encontrei uma vaca que acreditei estivesse desgarrada daquela boiada e a tomei emprestada para mim por algum tempo. Fasaha não estava acostumado a leite gordo e teve diarréia pouco depois que bebeu pela primeira vez. Viajava no braço de Olufeme, a cabeça protegida do sol por folhas de bananeira, choramingando um pouco. Um dia, já não contávamos os dias, deparamos com uma imensa gruta cujo fundo não se podia ver e onde eu temi que houvesse algum animal grande acoitado, daí não ter entrado. Mais adiante vimos grutas menores e numa delas, de fundo raso como uma parede, decidimos pernoitar.

Fiz uma fogueira na entrada, comemos frutas e dormimos. Isto é, eles dois dormiram porque eu fiquei olhando o céu estrelado. A lenha estalando me fez lembrar de Firmino, fiel e silencioso, que na nossa longa marcha vindos da Bahia só fechava os olhos para dormir quando me via adormecido. No dia seguinte cedo, enquanto nos lavávamos num córrego, falamos Olufeme e eu, em Firmino, e ela me perguntou se era ele que estava condenado à morte pelos hauçás da Bahia e eu confirmei, lembrando que eu mesmo havia pensado em acabar com Firmino antes da fuga de Salvador, porque ele era suspeito de traição aos islâmicos e de amizade suspeita com alguns padres católicos baianos. Era a intolerância dos religiosos que durante muito tempo me havia contaminado. E lembrando Firmino, conversamos sobre a rebelião malê que havia fracassado e me fez fugir da Bahia.

Olufeme passou a ser desde então minha confidente, aquela que colecionou pedaços da minha vida como um dia no passado havia acontecido com minha mãe, minha irmã e uma ou outra menina companheira que tive no Futa Jalom da minha juventude. Em volta das muitas fogueiras que acendemos ao longo da vida que vivemos juntos depois, juntei temores e esperanças, idéias e vivências numa conversa infinita com essa mulher, Olufeme, que foi sempre a outra metade de mim mesmo. Mas naquela noite, que foi quando imagino que juntamos nossas almas, no lugar que depois vim a saber se chamar Lagoa Santa, falei a ela sobre as terras altas do Futa Jalom onde os fulas, chamados pelos hauçás de fulani, herdaram dos tuaregues uma religião que depois modelaram com a sua língua e com os séculos foram reformando para purificar da interferência humana. O primeiro homem santo revolucionário que nos tirou da ignorância e da superstição na África era tuaregue e ao mesmo tempo hauçá, e tinha no árabe sua língua religiosa, como os portugueses têm o latim no Brasil. Foi ele quem disse uma vez que se a religião não fosse purificada de tempo em tempo ela era maculada pela mente comum dos fiéis, pela alma pecadora do homem. Naquela noite, antes de dormir, contei a Olufeme que eu havia nascido numa jihad, durante um período de guerras que tinham por fim fazer uma reforma religiosa entre aquele povo de pastores de pele avermelhada que são os fulas, de quem sou filho com a graça de Deus, e de que me orgulho tanto que chego a pensar que isso não é muito mais do que uma forma de fraqueza.

Conselho de pai

1838/1840

Bem cedo de manhã, andei pelas redondezas e vi outras cavernas como aquela onde tínhamos passado a noite. Fora um repouso profundo o que tivera ali, e me sentia novamente bem-disposto. Comemos alguma coisa e retomamos a caminhada através de uma ravina muito larga. A certa altura vislumbrei um grupo de pessoas a uma grande distância, pequenos pontos no horizonte, e achei que deveríamos nos esconder até identificá-los. Era uma sege puxada por dois animais e conduzida por um empregado, com um bagageiro. Pensei tratar-se de um viajante nobre, ou de uma senhora sendo conduzida de uma fazenda a outra, mas quando me aproximei sozinho vi que a sege transportava um velho homem negro. Diante do meu aceno o veículo parou e eu me identifiquei como um liberto que viajava para as Minas Gerais havia alguns meses, vindo de São Cristóvão, em Sergipe-del-Rei, e desejava saber o caminho de Ouro Preto. Para meu espanto, o passageiro desceu da sege e conversou um instante comigo, enquanto Olufeme e Fasaha permaneciam escondidos a meia légua dali.

Chamava-se Antônio Dias do Carmo e havia nascido em Ouro Preto, sendo filho e neto de alforriados. Seu avô Jacinto tinha trabalhado com o escultor Antônio Francisco Lisboa — já tinha ouvido falar nele? — e fora seu aprendiz. Nunca ouvira, mas o que fazia o senhor Carmo?, perguntei curioso com o fato de um negro se apresentar tão bem trajado e acompanhado por escravos naquele sul onde a distância entre negros e europeus era sabidamente tão grande. Era advogado e procurador de negociantes do Rio de Janeiro. Aproximou-se de mim e perguntou em voz mais baixa se eu tinha comigo uma carta de alforria. Procurei disfarçar o embaraço e disse que a perdera na viagem. Carmo baixou os olhos e tossiu de leve, me perguntando em seguida se eu pretendia ficar em Ouro Preto. Confirmei e adiantei que gostaria de procurá-lo por lá, se me permitisse. Quanto ao caminho para a cidade, era o do Sudoeste. Bastava localizar uma pedra grande no cimo de uma montanha maior, a fim de me orientar. Apertamos as mãos, e a liteira se afastou. Corri até Olufeme e contei-lhe o ocorrido, ainda não acreditando no que me parecia um prenúncio de sorte.

No final da tarde estávamos cansados por causa do calor que fazia. Antes de anoitecer, quando eu já pensava em acampar por ali mesmo, avistamos a pedra grande no cimo da montanha maior. A pedra sugeria a figura de um adulto e de uma criança, mas quando nos aproximamos essa impressão se dissolveu. Olufeme quis entrar na cidade imediatamente para que pudéssemos procurar pouso mais confortável para a noite, mas achei arriscado chegar sem saber o que nos esperava. Entramos num bosque no alto de uma colina de onde se viam os fogos de iluminação do vilarejo. Acendi uma pequena fogueira, enquanto Fasaha era posto no cesto de varas de vimeiro que havíamos feito para ele, enrolado numa das cobertas que trouxera de Malemba. Via Olufeme debruçada sobre o menino e dizia a mim mesmo que para ela a vida deveria ser agora uma viagem infinita por um país interminável, sem morada certa nem lugar onde repousar a cabeça.

Entramos na cidade pela manhãzinha e me surpreendeu mais que tudo as grandes pedras que calçavam suas ruas, mais bem-acabadas e belas do que na cidade da Bahia, assim como a frente das casas pintadas de cores suaves e variadas. Mas eram as ladeiras e os pequenos largos que davam àquele lugar uma impressão geral de variedade e harmonia ao mesmo tempo, o que era raro juntar numa mesma paisagem feita pela mão do homem. Era de se notar a cor parda dos tetos, as gelosias de um vermelho carregado, muitas casas caiadas de fresco, onde podia ser visto um pequeno jardim lateral que certamente se alargava ao fundo. Havia três homens trajando largos casacos, um deles com um cachimbo na boca, na porta do que parecia uma botica. Atrás deles, no balcão da casa, onde se apoiavam dois vasos e uma espécie de retorta, outro homem que se amparava numa bengala mantinha os olhos cerrados.

Perguntei se sabiam onde era a casa de Antônio Dias do Carmo, e os três pararam de falar e ficaram em silêncio me observando, do alto da cabeça aos pés, até que um deles me indicou com um gesto uma esquina no final da rua onde estávamos. Era visível a desconfiança com que viam um negro forte e mal trajado, com marcas no rosto que lhe pareciam resultado de castigo, acompanhado de uma mulher com uma criança nos braços, chegando à sua cidade aquela hora da manhã. Seguimos caminho, e eles não tiraram de nós os olhos até que dobramos a esquina.

Uma mulher negra abriu a porta e me pediu que esperasse um instante. Logo apareceu o rosto alegre do homem que eu conhecera na véspera, longe da cidade. Mandou que nos sentássemos, perguntou se queríamos comer alguma coisa e Olufeme pediu um pouco de leite para o menino. O velho Carmo chamou uma empregada e disse-lhe que acompanhasse minha mulher e a atendesse no que desejava. Em seguida me falou longamente sobre as dificuldades que eu iria encontrar em Ouro Preto, ou em qualquer lugar onde chegasse, sem conhecidos e sem uma carta de alforria. Perguntou o que eu sabia fazer e lhe respondi que podia fazer tudo aquilo que fosse preciso e que eu pudesse aprender. Disse-lhe que queria ter apenas casa e comida para mim e os meus e faria qualquer trabalho em troca. Ele me respondeu que não, que me pagaria pelo meu trabalho e nos daria casa e comida. Enquanto conversávamos, alguém bateu palmas na porta e foi introduzido na sala pela mesma mulher que me recebera. Era um homem gordo, de rosto cheio e avermelhado, que de início pareceu assustado com a minha presença. "Doutor Carmo, preciso falar com o senhor em particular", foi dizendo. Carmo olhou sério para o recém-chegado: "Todo mundo é de confiança aqui, pode falar". O homem hesitou um pouco e começou a historiar dificuldades que estava tendo com um fazendeiro e com o escrivão de um cartório na cidade. Falaram rapidamente e o homem se despediu, fazendo um frio cumprimento de cabeça na minha direção. Comecei a pensar que não iria ser bem-aceito em Ouro Preto porque, ao contrário da Bahia, ali se desconfiava de todo mundo, principalmente se fosse negro.

Dr. Carmo fez algo parecido com o que já havia feito quando saltou da sege para conversar comigo, no lugar chamado Lagoa Santa — deu alguns passos na minha direção e se encostou no braço da poltrona.

"Não vou lhe fazer perguntas", disse devagar, "mas quero que saiba que não acredito no que me disse sobre a sua carta de alforria, sobre o lugar de onde veio ou sobre sua religião. Para mim nada disso tem importância porque sei que às vezes é indispensável à sobrevivência esconder alguns fatos, nos tempos de intolerância e violência que estamos vivendo hoje. De algum modo o mundo nunca foi muito diferente. Mas aprendi a me basear somente no que vejo e ouço, para julgar as pessoas. No momento, você é um livro em branco para mim, e doravante quem vai escrever alguma coisa nesse livro, que eu vou ler mais tarde, é você mesmo..."

"Você não será meu escravo porque não tenho escravos", continuou dr. Carmo depois de um instante de silêncio em que o assoalho estalou de leve. "Trabalhará para mim ou para outro, você é que sabe. E pode morar na minha casa com a sua família se quiser, até quando quiser."

Quase não consegui responder. Agradeci como pude e me calei, emocionado. Enquanto éramos acompanhados por um negro de cabeça branca até um pequeno quarto próximo ao jardim, no final de um puxado coberto por telhas pardas, disse a Olufeme em poucas palavras qual tinha sido minha conversa com dr. Carmo. No almoço servido logo depois ficamos conhecendo o pessoal da casa: a mulher do advogado, dona Emerenciana, uma mistura de malê com índia, bem mais moça que o marido e, como descobriria depois, notável cravista, e as duas filhas do casal, Leontina e Letícia. O chefe dos criados, Gonzaga, o negro de cabeça branca que nos acompanhara, era um estimável e velho hauçá que logo se tornou meu amigo. Ele tinha vivido sua juventude na casa do poeta Gonzaga e recebido seu nome por ser de uma linhagem de escravos da família do poeta, anos antes do degredo na África a que seu senhor foi condenado, sob a acusação de conspirar contra o rei de Portugal. O cozinheiro era um liberto de aparência adamada, com imensa vocação para a cozinha e especialmente caprichoso nos pratos baianos que preparava com peixe de rio. Esse cozinheiro, pessoa suave e incapaz de fazer mal a alguém, que apesar do seu jeito dengoso fora mestre de capoeira em Ilhéus, tinha o gosto de ser chamado por Domigas. E havia os antigos escravos, que dr. Carmo libertara e que continuaram como seus empregados durante todo o tempo em que estive em Ouro Preto. Essa era a gente da casa, de que me recordo até hoje com muito afeto.

O dr. Carmo era uma das figuras mais prestigiosas da cidade, e os que tratavam com ele haviam aprendido a respeitá-lo, não mencionando de maneira hipócrita o fato de ele ser um negro, embora isso fosse motivo de orgulho para ele. O advogado defendia com dedicada habilidade mesmo os que não podiam pagar-lhe honorários, e não se incluía entre os "homens bons" do lugar, que eram os grandes proprietários e comerciantes mais ricos. Trabalhava em casa na parte da manhã, e depois que descobriu meu conhecimento de outras línguas e de história do mundo quis que eu trabalhasse com ele, numa mesinha que mandou instalar entre seus livros e processos. Fumava charutos, o que me incomodava um pouco, mas não a ponto de me afastar dele. Era advogado do Domus Municipalis, contra os potentados locais, entrava e saía, com desembaraço e elegância, no palácio do governador, assim como no Fórum, lugares que freqüentava à tarde e para onde ia sempre a pé, porque a sege era para viagens longas.

Enquanto estive em Ouro Preto continuaram as obras no que chamavam de Palácio dos Governadores, uma espécie de fortaleza onde se juntariam no futuro a casa de reuniões, a cadeia e as salas da administração. Os presos da cidade trabalhavam na obra, de modo que toda manhã chegavam até a praça fronteira acorrentados e passavam ali o dia, voltando às prisões ao anoitecer. Os homens ricos do lugar forneciam material para a construção, muitas vezes também a contragosto. Os fundos de uma loteria local, que antes eram encaminhados para as obras das calçadas e para o reparo nas igrejas e nos oratórios, foram carreados para a grande construção. Na parte da tarde, com a permissão do dr. Carmo, comecei a trabalhar na obra como pedreiro, para ganhar alguma coisa, que juntava pensando na minha alforria e na de Olufeme e do nosso menino. Mas quando nos fomos de Ouro Preto, dois anos e meio depois, aquelas obras que afinal durariam um século tinham começado uma fase de esmorecimento. Ajudei a fazer uma das águas e o telhado ao fundo do edifício, sob o comando de um tal Manoel Joaquim Dias, assim como o salão do lado posterior da cadeia. Os planos do chafariz da frente não saíram do papel enquanto estive lá.

As conversas que mantinha com dr. Carmo, quando não estava copiando para ele petições ou descobrindo nos seus velhos livros portugueses citações para rechear os arrazoados da sua profissão, nos aproximaram muito um do outro. Mas nada me impressionou mais naquela sala do que a coleção de jornais do Rio de Janeiro que ele havia amontoado num armário e que se achavam cobertos de poeira. Com a sua permissão, levava para o meu quarto lá fora alguns exemplares, que devolvia no dia seguinte à pilha de onde haviam saído, entre eles *A Arca de Noé*, *Verdadeiro Caramuru*, *A Trombeta* e *Diário do Rio*. Neste último recordo ter lido sobre o "empastelamento" de um certo outro jornal pela multidão fluminense enfurecida com um artigo que pedia a volta do imperador D. Pedro I, exilado na Europa.

Em *A Trombeta* li fascinado que um empregado no serviço da iluminação pública da municipalidade do Rio, encarregado de acender os lampiões nos finais de tarde, podia ganhar 12 mil-réis por mês. E me imaginava fazendo essa tarefa na grande cidade que desejava muito conhecer. Perguntava ao dr. Carmo quanto podia ganhar no Rio um homem forte que não tivesse medo do trabalho e que se sentisse disposto a aprender qualquer nova profissão, além daqueles que ele já conhecia. O velho me olhou longamente, depois sorriu e murmurou alguma coisa que não entendi. Depois se levantou e foi buscar em sua mesa o exemplar de um pasquim fluminense, *O Carijó*, em que havia ofertas de emprego em casas comerciais da rua do Ouvidor e outras vizinhas. Uma delas, uma botica, procurava um empregado honesto, branco ou preto, que quisesse ganhar 20 mil-réis trabalhando doze horas por dia, todos os dias da semana. Quando li esse anúncio ainda não estava trabalhando nas obras do Palácio dos Governadores, de modo que no dia seguinte depois do almoço procurei o jornal no escritório do dr. Carmo, e anotei com cuidado o nome e o endereço da rua do Lavradio, no Rio de Janeiro, a qual prometi a mim mesmo que um dia ia procurar.

O Gonzaga da Cabeça Branca, como passei a chamar o chefe dos criados e como ele gostou de ser chamado, pareceu estar muito doente uns três meses depois da minha chegada a Ouro Preto. Queria falar demoradamente comigo, e uma noite ficamos até tarde na cozinha conversando, enquanto ele pitava. Contou que estava louco por uma mulher que o tinha enfeitiçado e que não podia fazer mais nada na vida, inclusive trabalhar, tomado de melancolia e ansiedade. O trabalho de terreiro feito pela Querina era coisa do diabo, e ele já havia largado a mãe dos seus filhos como resultado, mas não estava querendo casar com a Querina porque temia que ela fosse também de outros homens. A bruxa havia feito o trabalho com um caranguejo preparado com sete pimentas-da-costa e depois atirado ao chão o que havia destruído sua paz. Havia três dias encontrara um sapo amarrado debaixo da sua cama, certamente alimentado a leite de vaca, o que era poderoso feitiço de amor. E o "café mandingueiro" que ela lhe havia servido e que ele só descobriu quando sentiu os primeiros efeitos? Sentia-se perdido, a vida não parecia ter mais graça, temia que o dr. Carmo o mandasse embora porque já não sabia trabalhar, e ele não sabia então o que fazer da vida. Mais que tudo, casar com a Querina era o que o assustava de verdade, porque ela o humilhava se chegando a outros homens.

Falamos longamente, mas não lhe disse o que pensava daquilo tudo. Pedi que me levasse ao terreiro que freqüentava, onde poderia ver a mulher e até falar com ela. Fomos dois dias depois ao tal lugar, e a Querina era de fato impressionante. Mulata alta mas carnuda, devia ter já uns trinta anos, mas tinha uma energia de criança. Dançava com ímpeto impressionante, mantendo os olhos fechados e batendo com força e ritmo os pés na terra do altar onde se amontoavam seus santos e flores. Nem sequer nos olhou enquanto ficamos lá, e quando eu quis sair Gonzaga me perguntou se não ia falar com ela. Disse que não, que era bom irmos para casa. Saímos e não conversamos pelo caminho. Diante do fogão onde ainda havia lenha queimada estalando, falamos até de madrugada. A princípio ele me interrompeu, depois somente ouviu, os olhos pregados no meu rosto. Em resumo era aquilo em toda parte onde houvesse um homem e uma mulher, o desejo e a vontade de manter para nós o que nos dá prazer. Nisso somos meninos a vida toda, quando não vemos como somos toda a vida. O feitiço não estava fora de nós, mas dentro, e os feiticeiros e enfeitiçados eram os mesmos atores que pensavam estar vivendo papéis diferentes. Na maioria das vezes uma mulher não nos atraía pelo que ela era, como pensávamos, mas pelo que imaginávamos que ela pudesse ser e afinal acabávamos pensando que de fato era. Não éramos escravos dos senhores de escravos, éramos escravos dos pensamentos que gerávamos e alimentávamos nossa vida toda. Desse modo, os senhores também eram escravos, e os escravos eram escravos duas vezes, o que parecia assustador. Quem não fosse escravo de si mesmo não seria escravo de ninguém, mesmo que passasse a vida acorrentado ou pregado numa cruz. Lembrei que Gonzaga fora cristianizado, recebera batismo. Enquanto falava ele piscou os olhos repetidamente. Dali a pouco falou: "E a mandinga?". Respondi procurando resumir e simplificar: "Não há feitiço nenhum no mundo, fora do espírito atormentado das pessoas". Talvez fosse útil dizer tudo aquilo, e eu já estava cansado. Começava a amanhecer quando fui para o meu quarto. Olufeme me perguntou se estava tudo bem e dormiu de novo.

Dias depois fui com Olufeme e Fasaha a uma feira paroquial numa pequena praça perto do centro, e conosco foram Leontina e Letícia, filhas do dr. Carmo. Fiquei admirado de d. Emenciana ter deixado as meninas saírem conosco, porque afinal ela nos conhecera havia poucos dias. Ela não apenas permitiu como me deu algum dinheiro para que comprasse paçoca e bolos para nós enquanto passeávamos pelas barracas embandeiradas. Espantado também fiquei com a inteligência de Letícia, a menorzinha, que apesar de confundir um pouco algumas coisas ("O rei do Brasil é o regente Feijó"), gostava de falar sobre tudo e de pedir resposta para alguns mistérios, de um modo quase adulto ("Como é que o granizo fica lá no céu, antes de desabar a chuva de pedra?"). Na barraca das prendas, enquanto Olufeme, o menino e Leontina viam correr a roleta, Letícia falava comigo sobre a maldade dos castigos que alguns senhores e soldados infligiam a escravos em Ouro Preto. Disse que viu uma negra ser chicoteada até não poder mais gritar, não sabendo se morrera ou se lhe faltaram apenas os sentidos. Letícia me disse que as chibatadas na escrava doíam nas suas costas. Aí ficou calada um instante e me perguntou se aquelas marcas no meu rosto tinham sido feitas por algum senhor cruel ou se eu havia nascido com elas. Expliquei que eram comuns entre meu povo na África, e ela me perguntou sobre meu povo. Fomos falando pelo caminho de volta até a casa, com uma Olufeme sorridente e fascinada ao meu lado, puxando Fasaha pela mão.

Lembro-me da manhã em que dr. Carmo me falou de um amigo seu, um cientista dinamarquês que estava fazendo estudos numas grutas nas proximidades daquele lugar onde tínhamos nos encontrado pela primeira vez. Para esse estrangeiro, as pinturas e os ossos de animais e de gente que ele havia encontrado numa caverna mais funda indicavam a antiguidade do ser humano naquele lugar da província das Minas Gerais. Para esse dr. Lund, a quem meu amigo prometeu me apresentar, habitaram também esse lugar imensas feras, inclusive uma preguiça gigante que tinha o tamanho de quatro cavalos. Ou de um elefante. Dr. Carmo queria saber se eu já tinha visto de perto um elefante, ao que respondi confirmando, e com isso acabamos mudando de assunto. Foi somente uns três meses depois que o dr. Lund apareceu na casa do dr. Carmo para tratar da compra de umas terras que ele havia adquirido em Lagoa Santa. O lugar não era bom para plantar ou criar gado, disse-lhe meu senhor, mas o outro explicou que iria apenas instalar umas barracas de campanha no lugar para fazer seu trabalho. Conversei naquele dia e depois com o dinamarquês pelo menos três vezes. Era um homem alto, magro, de bigode castanho, malvestido como todo europeu que vivia no Brasil, e trazia sempre consigo um grande embornal onde juntava a seu cachimbo e ao pacote de fumo ossos, mapas e suas ferramentas. Lembro de Lund saboreando um café e citando um francês, creio que seu amigo, a respeito da província mineira: "Minas tem um coração de ouro, metido em um peito de ferro". E ria, deixando ver um dente de ouro na boca. E dr. Carmo não deixava por menos, recitando um verso de Cláudio Manuel da Costa, que ele vira muitas vezes conversar com seu avô:

> *Enfim serás cantada, Vila Rica*
> *Teu nome impresso nas memórias fica.*

Mas embora procurasse aprender com aqueles grandes homens alguma lição de vida, no fundo eu achava que eles ficavam sempre a dever alguma coisa aos meus mestres do Islã, e muito em particular ao poema imortal, que eu havia decorado na juventude, do "perfumista maravilhoso" Attar. Os homens europeus e seus descendentes no Brasil não ligavam a beleza do mundo e a sabedoria ao amor transcendente, como no *Mantic uttair*. E esse livro-poema também advertia seu leitor piedoso sobre a superficialidade que comumente infelicita os mais sábios dos homens, quando lhes falta aquela luz de que fala Attar. Dr. Lund me contou que havia chegado às suas cavernas na companhia de um alemão sábio, o qual já tinha retornado à Europa, Riedel. Dr. Lund se queixava das suas condições de trabalho na umidade das cavernas, dizendo que o excremento dos morcegos transmitiam uma doença perigosa que o havia infectado, mas que por enquanto não o tinha impedido de continuar trabalhando.

Nos últimos sete anos, o cientista examinara mais de duzentas cavernas para escrever seu livro. Na de Sumidouro (olhou para dr. Carmo, que confirmou com a cabeça) havia feito uma descoberta que iria ser muito falada no futuro, a de ossos dos mais antigos brasileiros, que viveram ali muitos séculos, talvez cem séculos antes da chegada dos portugueses. Dr. Lund repetia muito uma frase, falando com o anfitrião: "Aquela depressão na testa das caveiras, aquela fuga na testa prova o que venho dizendo...". Ainda posso ver aquele dinamarquês, de quem nunca mais ouvi falar, segurando sua xícara de café e limpando o bigode castanho com um lenço, enquanto caminhava distraidamente pela sala, murmurando coisas sobre seus esqueletos de homens e de bichos.

Com o tempo, dr. Carmo e eu ficamos muito amigos, e havia coisas que ele comentava comigo que estou certo não diria nunca a um homem branco por motivos que eu podia entender perfeitamente. Em ocasiões diferentes ele falou comigo sobre um assunto que o preocupava de verdade, e sempre que alguém se aproximava o bom velho se calava ou mudava de assunto. Era o trabalho de entalhe e de risco das igrejas mais belas da cidade e de vilarejos vizinhos, obra de Antônio Francisco Lisboa, que tinha morado em Antônio Dias e morrera havia uns trinta anos. O escultor era mulato, filho de uma escrava chamada Isabel e de um mestre-de-obras português, Manoel Francisco, que tinha riscado a igreja da Ordem Terceira do Carmo. Esse artista da madeira e da pedra-sabão fora muito maltratado por uma doença que deformou seu corpo e, à medida que adoecia, mudava seu modo de trabalhar, até que começou a deformar anjos e santos, profetas e o próprio Jesus. O avô e o pai de dr. Carmo haviam trabalhado com Antônio Francisco nas figuras da Paixão em Congonhas do Campo, e até o fim da vida falaram naqueles dias de beleza e de prazer quase absolutos. Mas hoje ninguém mais parava nem sequer para olhar aquela arte e o sofrimento humano que ela transmitia.

Dr. Carmo se lembrava muito bem do artista mulato e do modo como trabalhava à noite com seus três escravos, um deles seu avô Jacinto, para que ninguém lhe visse àquela hora erma as deformidades da doença no seu corpo. Iam os três de carroça, mestre Antônio Francisco enrolado num grande cobertor negro, pelas estradas pedrentas ou enlameadas, até Mariana ou Congonhas, trabalhar à luz dos archotes, o mestre maldizendo sua doença e as dores que ela lhe causava. O avô Jacinto contava que durante o dia ele lhe pedia que fosse buscar alguma mulher de pago, que ele recebia muito lavado e perfumado, no escuro da sua alcova, e a quem mandava pagar muito bem com o dinheiro recebido dos padres pelos lavores e ornatos com que à noite havia homenageado os santos e os anjos.

E aquele meu querido amigo me contou uma vez que mais de uma daquelas santas mulheres representadas nos trabalhos de Antonio Francisco tiveram seus rostos modelados pelos das visitantes que se deitaram com o mestre durante a tarde. Uma vez em Congonhas, quando o artista mulato tinha tomado um pouco mais de vinho, e diante de uma escultura em madeira representando Madalena, perguntara se a reconheciam de algum lugar. E os três escravos haviam dito em voz baixa o mesmo nome — a Síria, era ela e não outra —, falando da mulher nova da rua do Sabão por quem o mestre se encantara e a quem pagava muito bem e dava roupas de seda, espartilhos e lenços de cabeça que mandava comprar por Jacinto no comércio da cidade. O escultor resolveu então mudar o rosto de sua Madalena para não escandalizar a cidade.

Durante um bom tempo fizemos visitas piedosas a algumas igrejas que dr. Carmo escolhia, cujas janelas mandava abrir para que eu visse os tesouros que estavam ali esquecidos — em algumas igrejas fora proibido rezar missas já havia algum tempo — e que ele me revelava mandando olhar de um lado e do outro, de cima ou de baixo, chamando a minha atenção para o rosto de um Atlas que amparava o púlpito, para os pés de um apóstolo, as mãos da Virgem ou os olhos aparentemente cegos de um profeta de pedra. Foram dias inesquecíveis perambulando pelas igrejas cujos nomes não esqueci mais — capela do Padre Faria, matriz do Pilar, matriz de Antônio Dias, onde dr. Carmo dizia que o pai português do mestre havia trabalhado, capela de Santa Efigênia, Mercês de Cima, Mercês e Perdões, igreja de São Francisco de Assis. E íamos ver também os chafarizes, principalmente o da rua das Flores, onde sempre voltávamos, e o do Alto da Cruz, onde o mestre trabalhou umas noites. E dr. Carmo declamava o poeta Gonzaga, que num dia de muita chuva partiu de Ouro Preto para o degredo na África, de onde nunca mais voltou. A voz do meu hospedeiro tremia, ao declamar:

Toma de Minas a estrada
Na Igreja Nova, que fica
Ao direito lado e segue
Sempre firme a Vila Rica.
Entra nesta grande terra
Passa uma formosa ponte,
Passa a segunda, a terceira
Tem um palácio defronte.

Quanto aos escritos do mestre Antônio Francisco, dr. Carmo ainda guardava muitos deles, lavrados na bela linguagem de quem conhecia o latim e a gramática. Eram não somente os "riscos" das igrejas, dos altares, das fachadas, dos chafarizes, todos medidos em palmos pelo artista e seus costumados oficiais. Uma carta dos irmãos terceiros de Sabará contratando com ele a feitura de uma grande obra fazia imensos elogios ao modo como "somente o mestre pode fazer com as suas mãos inspiradas por Deus, aquelas formas que são por si só como louvores pela beleza do mundo e pela exaltação das almas que vão para Deus...". Dr. Carmo interrompia a leitura, me olhava longamente e tentava cortar a emoção com um comentário mundano: "Aquelas mãos sabiam também acarinhar umas certas outras formas que o diabo tanto estima...", e ria alto, mostrando os dentes muito brancos. Mas havia outra coisa que somente com o tempo meu senhor — que não queria ser chamado assim, e me pedia que o chamasse apenas por Carmo, quando estivéssemos sozinhos no seu escritório — se dignou conversar comigo. Era o que ele designava como o "caminho da fortuna", que ele um dia havia trilhado e queria que eu percorresse também porque me considerava um irmão seu. Sua voz baixava de tom quando falava no garimpo, de alguns lugares onde o garimpo ainda enriquecia quem soubesse trabalhar.

Às vezes, muito depois que todos da casa já estavam dormindo nos seus quartos, entrávamos pela noite falando sobre essas coisas. Ele havia trazido de um velho armário alguns mapas, dos quais aproximava dois lampiões para que eu visse os detalhes. Segundo me disse em tom de segredo, tudo o que tinha devia ao trabalho feito naqueles lugares durante alguns anos, um tempo difícil e penoso, onde enfrentara muita crueldade e vira muita injustiça, mas de onde trouxera alguma riqueza. Não costumava falar disso com ninguém, mas queria compartilhar comigo esse segredo. Só pedia que eu não o revelasse a ninguém, talvez nem mesmo à minha mulher. Disse-lhe que isso era impossível, que precisava dizer a Olufeme porque iria morar longe dela e o que ia fazer lá, mandando buscá-la quando pudesse. Dr. Carmo me disse que era impossível para uma mulher honesta viver perto do garimpo, além de perigoso para o homem dela. Teria de ir sozinho, se fosse de fato. Também eu não sabia se deveria ir, porque afinal não sentia tanta atração pelas coisas que o ouro pode dar. Mas meu amigo me lembrou de que eu não era sozinho, que família pedia segurança e o dinheiro podia dar essa segurança.

"A sua liberdade, a sua casa, o seu isolamento que, para pessoas como nós, podem valer como um tesouro são bens que a gente compra com trabalho e valem muito mais para uns do que para outros", dizia dr. Carmo para me convencer. E essas suas palavras mais os meus pensamentos acabaram por me fazer acreditar que deveria partir o quanto antes. O lugar que teria de manter em segredo era São João da Chapada, perto de Diamantina, e foi para lá que viajei sozinho, no lombo de um burrico e com uma pequena mala, antes prevenindo Olufeme de que voltaria ou mandaria buscá-la, a ela e ao menino, logo que pudesse, não sabia quando. Ao sair prometi a dr. Carmo que quando retornasse lhe traria, embora ele teimasse em recusar, uma pepita do melhor ouro da região, em agradecimento pelo segredo com que me havia presenteado. Não podia imaginar que quatro anos se passariam antes que eu pudesse retornar àquela casa em que havia sido recebido como um filho e na qual deixara as pessoas que mais amava no mundo.

Garimpo no Pombeba
1840/1844

Caminhei sozinho durante muitos dias, indo para o Norte rumo à serra do Espinhaço, depois segui para o Oeste outros tantos dias, montado num burrico que me deixava os pés quase tocando o chão. Dormi no mato e nas casas que me deram hospedagem, ainda que fosse no curral com os animais ou nos palheiros onde me permitiam pousar. Levava comigo rapadura, carne-de-sol e peixe salgado, mas durante o dia pescava nos ribeiros e pegava pesca bem graúda. Bem antes de chegar ao Tijuco, que era para onde estava indo, fiquei uma semana na fazenda Quatro Capelas, de um certo coronel Tiago, o qual me recebeu muito amavelmente, mas mandou, durante a noite, revistarem a pequena bagagem que eu levava comigo. Fingi que não percebera porque precisava muito descansar e queria conhecer as intenções da gente do lugar.

Em Quatro Capelas conheci numa botica um velho médico branco que tornou a falar comigo muitas vezes depois, perguntando sobre minha vida e contando suas andanças pelo país. Não sei por que confiei nele desde o primeiro momento, e num repente lhe contei minha vida na Bahia e lhe falei de minha religião. Dr. Linhares tratava as febres de pântano que grassavam na região e me narrou coisas extraordinárias do garimpo, bem como me ensinou a preparar uma papa de caroços de algodão muito gostosa, que era um alimento excelente para quem viajava a pé e precisava fortalecer o corpo quando o tempo era frio. Sobre o garimpo me disse que o antigo Tijuco, que havia enriquecido tanta gente com ouro, agora estava enriquecendo a Coroa portuguesa com diamantes, e que eles, os homens de além-mar e os da Regência, estavam ainda mais ricos graças àquelas lavras, sim senhor.

Ouvi dele pela primeira vez o comentário que ouviria nos quatro anos em que fiquei por ali, onde todo homem tinha escondido no corpo ou em algum lugar que só ele conhecia suas pepitas e pedras: "As lavras estão esgotadas, mas ainda se pode raspar o fundo...". Mas o garimpo, dizia o médico enquanto tomava devagar sua aguardente, era um mistério que só quem conhecia as faisqueiras boas da região poderia resolver, e era preciso ter muito cuidado para não cair nas batidas dos "dragões" fardados, as quais todos temiam muito. O garimpeiro, sobretudo o negro, era tratado como criminoso desde que estivesse buscando ouro ou trouxesse consigo uma pepita que fosse. Fiquei em Quatro Capelas um tempo, morando nos fundos de uma venda em troca de fazer a limpeza do lugar. Ali eu descobri que o garimpeiro não tinha pátria, religião ou nem sequer um nome. Eram todos animais famintos em busca de ouro e de diamante, e isso tinha de ser feito escondido, no caso dos negros. Para eles, fugir do cativeiro já não tinha importância ali, o que não podiam correr era o risco de negociar seu conforto ou sua liberdade com as pedrinhas preciosas que encontrasse.

Havia uma casa na Diamantina, o novo nome do arraial do Tijuco, que se destacava das outras pela importância e podia ser avistada de muito longe. Na entrada havia uma placa onde se lia "Real Fazenda", e era por ali que passava todo o dinheiro das pedras encontradas e de onde saíam as ordens de prisão e até de execuções sumárias dos que estivessem roubando o ouro e os diamantes da Coroa. Vivi ali como uma sombra, procurando passar despercebido, mas não tive sorte nos primeiros tempos, principalmente nas lavras novas da Pratinha, na Chapada. Muito mais tarde, quando já estava lavrando com muita sorte num afluente do rio Pardo, soube que a Pratinha fora arrendada e arrematada no que se chamou então de hasta pública ao preço de 30 réis por braça quadrada, um lote cada homem, cada lote com mil braças no máximo, mas nada disso era para mim, que estava juntando debaixo de uma pedra pesada as pepitas que ia encontrando. Construí eu mesmo um barraco bem perto do lugar onde guardava as pepitas amarelas e estimulado por esses ganhos trabalhei de sol a sol durante mais de um ano.

O fruto da minha faisqueira, que eu chamei brincando de "real fazendinha", ficava sob o nariz das autoridades, mas eu só mexia nela de madrugada. E para acrescentar, jamais para retirar. Bernardina Abelha, negra liberta de quase cem anos, foi minha primeira amiga na vizinhança. Ficávamos até tarde conversando em sua casa coberta de sapê, ela revirando nas mãos calejadas um gorgulho que veio junto com seu primeiro ouro. Nunca me disse quanto tinha nem onde guardava, mas era fácil imaginar que havia encontrado ouro do bom, ainda que sua vida e aparência fossem muito modestas. Antônio Lindoso morava na casa do outro lado e tinha sua lavra a umas seis léguas dali. Foi ele quem me alertou para uma nova lavra que havia surgido bem para o Norte, a do Baro. Pai Augusto era um forro de mais de oitenta anos, que levava nos bolsos suas pepitas sem medo de ser roubado ou de tê-las confiscadas pelos "dragões".

E havia Felipe Nagô, que dizia ser dono de um "lugar de fé", umas restingas de extração onde havia muito diamante. Dizia a mim e a Bernardina que quando tirasse a sua parte iria mostrar sua mina para nós. Tudo havia começado com o encontro de uns satélites que vinham sempre à flor da terra onde havia diamante. Fui vizinho dessa gente por quase dois anos e nunca soube quanto minério eles haviam encontrado, como eles nada sabiam de mim. Todos saíamos de manhã levando nosso baco, a peneira, o chapéu de palha e o farnel e chegávamos de volta já noitinha com os mesmos utensílios na mão, em silêncio e muito cansados. Não importava a sorte do dia, éramos as mesmas pessoas sempre. Bernardina devia faiscar por ali perto, porque não podia andar muito depressa nem ir muito longe.

Um dia Felipe Nagô nos reuniu na sua casa para dizer que iria embora. Antes que chamasse os demais para tomarem duas garrafas de aguardente que havia comprado, ele disse a mim e a Bernardina onde era seu "lugar de fé". Havia bebido cachaça, como ela também, e falavam os dois em voz muito baixa. Essa intimidade que se repetia quando nos encontrávamos também nos aproximou muito.

"O lugar fica a duas léguas do arraial como quem vai para o Espinhaço, na margem direita do riacho Pombeba", segredou naquela noite o Nagô. Bernardina punha o dedo indicador na boca, pedindo segredo a mim. Filipe rabiscou um pequeno mapa que deixou com Bernardina, e ela o guardou dentro do ferro de passar que estava na mesa, limpo de carvão. Numa festa que houve dias depois, meus dois amigos andaram pelos cantos bebendo e falando em voz baixa. Por perto havia o Henrique, um latagão do Rio de Janeiro que tinha sido soldado e se dizia pobre como Jó, daí estar tentando joeirar para ganhar a vida. A aguardente rolou e somente eu não bebi, como não comi a paca que alguém havia assado. O Nagô contou em voz alta que tinha juntado uns pedacinhos de ouro e que ia voltar para Mariana, sua cidade natal onde tinha filhos e netos esperando por ele. Tomás de Aquino tocou viola e cantou muito bonito. A certa altura eu estava derrubado pelo sono e fui para casa dormir. Acordei umas horas depois, quando a viola já tinha calado, sacudido pela velha Bernardina que pedia ajuda.

Segui atrás dela até a casa de Felipe e o encontrei morto na cama, a cabeça esmagada talvez por marreta ou machado. Seus armários tinham sido revistados e a casa estava em desordem, com panelas, o material de garimpo e suas roupas espalhados pelo chão. Para Bernardina, que chorava, tinha sido alguém que estivera na festa e procurava o ouro que Nagô havia juntado aqueles anos todos. Mas quem matou o crioulo não havia encontrado o ouro, disse ela. E caminhou pelo quarto até o armário, onde levantou uma tábua do fundo, tirando de lá um pequeno saco de couro. Abrimos para encontrar um punhado de pepitas e de diamantes e combinamos que o melhor seria um dia levar aquilo tudo para os filhos ou netos do morto em Mariana. Entendi na hora que esse era o propósito firme de Bernardina e que ela confiava em mim para fazer aquela entrega se ela mesma não pudesse fazer. Minha vizinha guardou a sacola com ela durante oito meses. Nesse meio tempo descobri, fazendo perguntas e ligando os fatos, que fora o Henrique, o latagão fluminense, quem havia assassinado Felipe Nagô e depois fugido sabia Deus para onde. Não podia imaginar na ocasião que voltaria a encontrá-lo anos depois, numa circunstância que o surpreendeu ainda mais que a mim.

Fui para a margem direita do Pombeba, com Bernardina. Quando descobrimos que havia diamante no meio daquela gupiara que escorria das encostas naquelas colinas trabalhadas por Felipe Nagô, trouxemos nossas coisas e eu construí outra casa para mim e Bernardina. Passamos a morar juntos como dois irmãos, mesmo porque minha amiga tinha quase cem anos, se é que não tinha mais. Apesar da idade era ainda vigorosa e me ajudava a peneirar o gorgulho. Mas eu preferia que ela ficasse em casa cozinhando os peixes que pegava no Pombeba para o jantar. No começo ficamos desanimados porque não achamos muita coisa.

"É só fava, é só vidraço, num tem diamante nada", ela reclamava.

Mas um dia achei uma pedra muito bonita e nós dois festejamos comendo um veado feito no forno que construí no fundo da casa. Não mudei o lugar da minha "real fazendinha", embaixo de uma grande pedra sob um espinheiro, perto da casa antiga, nem Bernardina mudou seu lugar secreto. Vivíamos como mãe e filho ali no Pombeba, e quando ela teve uma erisipela, que ela chamava de mal-do-monte, fiz ungüentos para esfregar no seu corpo e dei-lhe folhas para mascar até que melhorou e ficou curada. Mas sentia que alguma coisa dentro do peito dela não ia bem, porque suas mãos passaram a inchar e ela perdera a fome. Um dia me chamou quando cheguei do trabalho e me disse que sua vida estava chegando ao fim. Disse-lhe que podia curá-la e ela me respondeu que tudo na vida tinha limite e sua hora havia chegado mesmo. Fez um pequeno mapa para me indicar onde estava seu tesouro. Por coincidência era bem perto da minha "fazendinha", disse a ela, que então sorriu, mostrando os dentes brancos que ainda lhe restavam, e me deu o endereço de um filho de Felipe Nagô em Mariana, para a entrega das suas pepitas e pedras. Uma tarde, Bernardina me disse no ouvido, com a voz então bem fraquinha, que tinha gostado muito de me haver conhecido já na velhice, porque assim havia gostado de mim como de um filho. Se fosse antes, quando era jovem, teria gostado de mim do modo errado, temendo me perder e assim matando o amor. Choramos e sorrimos juntos, ficando um olhando para o outro até que ela deu o último suspiro.

 Não me lembro por quantos meses mais trabalhei na gupiara do rio Pombeba, mas quando saí de lá estava resolvido a voltar para Ouro Preto a fim de encontrar minha Olufeme e o meu menino. Estava longe de casa havia quase dois anos e julgava que já tinha o bastante para viver tranqüilo o resto dos meus dias, além de para comprar quantas vezes fossem necessárias minha liberdade e a de minha gente. Resolvi vender pela primeira vez uma gota do ouro que tinha, e num domingo vesti uma camisa limpa e fui até São João da Chapada. Gostei das suas ruas largas, apesar dos seus buracos e da poeira, e do único hotel que havia na vila, com tapetes na varanda e cortinas de renda nas janelas. Parei um instante para ver o luxo de cidade grande e percebi que alguém me cumprimentava do sofá da entrada. Era uma mulata muito bonita e bem vestida, que com um lenço de seda secava a testa e o pescoço do calor da tarde e sorria se abanando com um leque na outra mão.

 Cumprimentei, cheguei mais perto, falamos banalidades e ela me convidou para subir com ela ao seu quarto. Não se tratava de um hotel comum, como eu havia pensado. Disse que voltaria outra hora mas ela insistiu, e como me parecesse atraente a mulher, subimos juntos. Uma hora, já de volta à varanda, eu me deixei ficar algum tempo ouvindo o que contava de sua vida em

Macaé, de onde era natural. No quarto eu pagara o tempo que ela ficou comigo com uma pequena pepita, que ela olhou com admiração antes de guardar na bolsa. Quando lhe disse que viajaria no dia seguinte, ela me pediu que ficasse uns dias mais, e eu prometi pensar. Quando me afastei de volta para casa parei para olhar a casa de longe e vi minha nova amiga conversando com um homem branco e apontando na minha direção. Pressenti o perigo na hora e não me dirigi para a "real fazendinha", como pretendia fazer, mas para casa mesmo.

Lá acendi um candeeiro na sala de entrada e fiquei num canto escuro do quarto, esperando. Pouco depois adormeci ali mesmo, e acordei com uma pancada na nuca, seguida de uma outra no alto da cabeça que me fez dormir de novo. Depois percebi que me haviam dobrado no lombo de uma mula, de mãos e pés amarrados, e que seguíamos por uma estrada que não conseguia identificar. Quando dei totalmente por mim estava deitado no chão, talvez no quarto de um mocambo. O lugar depois me pareceu um quilombo e era de fato o quilombo da Madalena, que um bando de garimpeiros brancos explorava. Eu era o mais novo escravo deles e meus bolsos já tinham sido esvaziados das pepitas e dos papéis que levava, assim como tirado o único par de sapatos que tinha. Havia esteiras, peneiras e balaios por toda parte naquele lugar. Algumas vozes cantavam lá fora uma canção de estima dos escravos, arrastando os pés sobre madeira. *Acorda Maria, vem vê / Acorda Maria, vem vê / A dança do canjerê / A dança do canjerê*. Eram vozes de homens, de mulheres e de crianças.

Fiquei manso, cabeça baixa, invisível e silencioso, como recomendava meu tio Ahmed quando em cativeiro, sob ameaça de tortura e de humilhação. Uma negra banto me ensinou a fazer cestos e me pediu que não parasse durante todo o dia a não ser para comer pão de milho, tomar água e ir à casinha no quintal. Depois de uma semana de obediência, os negros feitores e os outros escravos começaram a se esquecer de mim. Mas eu conhecia todos pelo nome e pelo seu poder. Havia meia dúzia de brancos andando por ali, todos armados de espingardas e de chicote em punho. Uma vez um deles me perguntou se eu tinha ouro ou pedras escondidas, que ele me deixaria pegar desde que desse a metade para a direção do quilombo. Primeiro perguntei que lugar era aquele e a quem pertencia, depois disse que chegara havia pouco em Diamantina e não tinha conseguido nenhum ouro ou diamante. Era o quilombo da Madalena, e os donos eram a Real Fazenda e os senhores daquelas terras.

Meu ferimento na cabeça cicatrizou depressa, mas dormi muito mal enquanto estive ali, porque me levantava várias vezes à noite pretextando ir à casinha no terreiro, a fim de conhecer o lugar e fazer dele um mapa mental. A negra feitora que me vigiava me contou um dia, depois que conversamos sobre vida e sofrimento de negro, que havia muitos quilombos de escravos fugidos na região e que o Madalena era o único controlado por brancos. Dois meses depois da minha chegada já tinha traçado um plano detalhado de fuga e marquei sua execução para o domingo seguinte. Na madrugada do dia levantei em silêncio e passei pelo corredor do mocambo sem que eu próprio ouvisse o som dos meus pés. Lembrei de Firmino, morto e enterrado longe dali, que gostava de me dizer sorrindo: "Você não é gente, é gato!". Fiz tudo para não encontrar ninguém no meu caminho, principalmente escravos ou guardas negros, mas foi inevitável. Derrubei com um murro um deles que me apareceu pela frente e um jovem mulato que puxou a espada quando me viu. Acho que não os matei. Peguei um cavalo na estrebaria e galopei em pêlo durante quase uma hora. Passei na minha casa, peguei uma sacola e joguei dentro alguns objetos, depois rumei para a "fazendinha", a fim de recolher meu pequeno tesouro e fugir.

Assustei o cavalo na direção do rio e caminhei rápido na direção contrária. Quando já podia ver de longe a árvore que era meu ponto de referência, ouvi um farfalhar no mato do meu lado esquerdo. Eram cinco, seis homens que saltaram sobre mim e tentavam me furar com baionetas e lanças. Nesse dia descobri que não havia perdido a velha agilidade e que ainda era bem moço. Tomei a lança de um deles e atravessei pernas e braços à minha volta. Acho que ceguei um branco que me acoitou por trás, depois vi um "dragão" fugindo e deixei que fosse porque ainda precisava quebrar a cabeça de dois negros que teimavam em me agarrar. Foi uma debandada geral. Pisei no pescoço do branco que feri nos olhos e mesmo com piedade dele lhe perguntei quem os havia mandado contra mim. "O tenente da Madalena", ele gemeu, se contorcendo de dor. Precisava ir embora dali o quanto antes porque poderiam pedir reforços. Saltei, sumi no matagal, corri em silêncio durante quase uma hora. Havia perdido minha sacola e não chegara a tocar na "fazendinha", que ficaria lá bem guardada, mas minha vida estava salva.

Não gostava de fazer isso, mas era preciso roubar novamente um cavalo. Sabia onde havia um curral nas proximidades e voei para lá. Peguei um baio bonito, que se mostrou também veloz, e galopei até de manhã. Espantei o animal como fazia sempre e fiz a pé o restante da caminhada, procurando encontrar as indicações do caminho que me haviam dado. O lugar me impressionou logo na chegada, com uma escura serraria ao fundo e um vasto grotão coberto de espessa floresta. Sabia que aquele era o único lugar em que poderia me acoitar por um tempo, pois Caiambolas, o Antonio Meange e o Bezerra eram muito expostos porque havia por lá muita presença de branco e até de "dragões", por efeito do garimpo. Cheguei ao quilombo do Formiga por volta do meio-dia. Levava comigo a calça e a camisa que vestia, mais nada.

Um bando de guerreiros me cercou logo que entrei na paliçada e, sem me tocar, fez com que caminhasse na direção de uma casa de barro de umas vinte janelas, no centro da praça do quilombo. Havia do lado de fora carne salgada secando ao sol, ao lado de folhas de fumo e de sacos de farinha, pelo caminho. Atrás de uma mesa de carvalho e sentado numa cadeira de couro trabalhado a fogo estava um negro de cabelos brancos, com umas poucas marcas rituais dos lados da boca. Vi por esse sinal e pela barbicha que ostentava que era um hauçá. Fiz-lhe o cumprimento a que faziam jus no Futa Jalom os homens mais velhos e os chefes, juntando as mãos na altura do peito e curvando um pouco a cabeça. Sabia que estava diante de Pedro Malungo, de quem se dizia muita coisa diferente, inclusive que era justo, violento, cruel, mas paciente quando queria chegar a um resultado. Disse-lhe quem eu era, o que já tinha passado e por que estava ali. Somente a verdade, dita pausadamente com os olhos nos olhos.

O Malungo ficou me observando em silêncio por algum tempo, a sala cheia de guerreiros imóveis e atentos ao chefe. Depois deu a volta à mesa, veio até mim e me abraçou. Queria alguém como eu no quilombo, alguém da minha raça e do meu sangue. Ele, que em menino fora remador no rio Níger, que viera como moço escravo para o Maranhão e descera pelo sertão para as Minas Gerais tangendo boiadas e vivendo uns tempos em mocambos, tivera uma vida igual à minha. Hauçá batizado à força em São Luís, passara de Mahoman a Pedro e agora, porque era irmão daqueles negros todos que não queriam ser escravos de branco, era o Malungo, rei do Formiga. Conversamos dias seguidos debaixo das mangueiras do fundo sul do quilombo. Tomávamos sumo de frutas servido em copos de folhas de bananeira, e falávamos em meio à algazarra das crianças que as mulheres levavam para o trabalho na roça e na lavagem de roupa. De manhã cedo eram os bem-te-vis nas grimpas dos coqueiros, eram os anuns e os sanhaços que nos obrigavam a elevar a voz para conversar.

Falávamos de tudo e assim falávamos de religião. Confessei a Malungo que estivera me distanciando da nossa fé, por obra de tanta luta e tanta andança havia sete anos ou mais, desde que tinha partido da Bahia. Mas meditava todo dia na perfeita pobreza, na servidão espiritual que é difícil de aceitar, na extinção perante Deus, na humildade que quer dizer ausência de orgulho pelos nossos méritos. Enquanto ia falando ele murmurava a palavra árabe que correspondia ao que eu estava mencionando. De olhos baixos ia dizendo "ubudiá", "fácur", "fana", "úmi". Quando terminei de falar ele me agradeceu a oração, e quando o olhei surpreso ele citou uma sura: "A piedade é aquilo que nos liga a Deus". Com o passar dos dias fui entendendo que estava diante de um mulá guerreiro, e não apenas de um chefe guerreiro. E comecei a pensar se não deveria retardar minha volta a Ouro Preto além do ponto em que me havia determinado regressar, quando estivesse restabelecido da canseira dos últimos tempos no garimpo.

Quando recitava parábolas do *Mantic uttair*, Malungo ficava enternecido e às vezes acontecia de não falar mais nada naquele dia, como se fora tocado na alma. Uma tarde me disse que um religioso não perdia a fé mesmo se não a exercitasse. Sua verdade havia ficado marcada para sempre na alma. Bastaria que uma vez na vida ele tivesse visto no fundo do seu coração que não havia senão um Deus, e que Maomé era o símbolo do homem comum que se fez um com esse Deus, para se tornar Profeta.

"Conhece Hallaj?", perguntou ele uma vez, como se contasse um segredo. Pensei tratar-se de alguém do lugar, mas Malungo fraziu a testa. Era um profeta persa, um mártir da intolerância religiosa, alguém cujo pecado foi dizer que a revelação de Deus transformava de algum modo o religioso em Deus também. Voltar o rosto todos os dias para Meca ou ir até lá uma vez na vida, evitar a adoração de imagens, bebidas fermentadas, jogo de apostas e comer carne de porco eram princípios saudáveis e regras de felicidade, mas não limitavam o contato com Deus nem conduziam a ele. E Alá era infinitamente maior que tudo aquilo que a mente do homem podia criar. As conversas com Pedro Malungo eram tão deliciosas quanto ver como ele governava o quilombo.

No tempo em que fiquei no Formiga fiz um pouco de tudo, sendo cesteiro, marceneiro, pedreiro, costureiro e instrutor dos "soldados" de Malungo. Falamos muito sobre o que deveria ser um guerreiro islâmico. Discutíamos também necessidades do cotidiano, como o que e em que quantidade o quilombo deveria produzir para comer e vender. Malungo havia proibido os roubos e assaltos a aldeias vizinhas ou a viajantes. Queria estimular troca e até ajuda, para tornar o quilombo respeitável na região. Falamos sobre o melhor meio de combater o que chamavam de febres perniciosas, como o cólera, que havia devastado alguns lugarejos das Minas e do Rio de Janeiro, usando chá de ervas emplastros e banhos à base de louro, nogueira, papoula e oliveira. Diante da pergunta sobre por que as autoridades não atacavam com toda sua força o Formiga, Malungo respondeu-me que era porque não tinha força interior e continuidade no que fazia. Entendi o que ele quis dizer e não perguntei mais nada porque já sabia tudo a respeito.

O preto forro Domingos vivia naquela época no Formiga, e diante da fogueira à noite ele nos contava suas aventuras nos quilombos de Iguaçu, no Rio de Janeiro, de onde viera fugido. Era cabinda de origem e já tinha sido preso catorze vezes, conhecendo tortura e até um enterramento vivo, segundo nos disse. Domingos guardava como uma relíquia um pedaço de jornal em que seu nome aparecia como "aliciador de pretos para a insurreição" no município de Magé. Segundo ele, havia uma comunicação secreta entre quilombos e grupos de fugitivos, de modo tal que se poderia acreditar numa rede de que faziam parte libertos, lavradores, fazendeiros liberais, vendeiros e quilombolas avulsos, estudantes e até soldados, entre negros, índios e pardos, além de uns poucos brancos. Em Minas a coisa era mais séria porque lá havia uma rede comercial clandestina para comercializar ouro e diamante em troca de gêneros e armas. Fiz-lhe algumas perguntas sobre essa rede, mas não obtive respostas concretas.

O cativo Quelá era um gigante bondoso que servia como uma espécie de escudeiro de Malungo havia alguns anos. Um ano depois de minha chegada ao quilombo, quando uma epidemia de peste varreu o lugar e começou matando os animais para depois matar os homens, Quelá foi uma de suas primeiras vítimas. Ele estava de cama havia dois dias, e à noite nós o vimos sair de casa e caminhar até onde estávamos, perto da fogueira. Caminhava de olhos cerrados e seu rosto e seu peito estavam pontilhados de bolhas pretas. Os olhos vermelhos e os bubões sob as orelhas nos deram a certeza de que tinha a peste bubônica. Houve um começo de pânico no quilombo, mas Malungo devolveu a calma tratando pessoalmente do amigo e dizendo que tudo aquilo passaria. Quelá morreu dias depois e, após ele, também um terço dos quilombolas, a começar pelas crianças. O pior de tudo é que Pedro Malungo também foi contaminado, embora tivesse tomado os chás que escolhemos para distribuir a todo mundo. Já com os bubões salientes no pescoço ele me disse me lembrou que alguns homens tinham uma proteção de nascença contra doenças, outros não tinham.

"Uma vez mais é destino, meu amigo", ele me falou da cama que mandou preparar no terreiro, ao lado da fogueira, onde queria morrer. "E destino é coisa que se sofre, não se explica." E Malungo tomou minha mão e rogou que eu chamasse todos os homens do Formiga, e foi isso que fiz. Pedro começou dizendo que muito em breve iria entregar sua alma a Deus. Seu sucessor no reinado do quilombo estava ali, e apontou na minha direção. Apesar de ser o mais novo no lugar, disse ele, é esse quem vai me substituir porque... e Malungo me atribuiu as qualidades que ele achava que eu possuía. Depois ficou segurando minha mão até adormecer.

Depois do seu enterro no cemitério do quilombo, convoquei para a antiga casa do rei morto seus auxiliares mais diretos. Tratei com eles o aumento do plantio interno e da criação de bois, cabras e coelhos. Aumentei o número dos "soldados" e introduzi novos tipos de luta pessoal, em pelotões e pequenos grupos de ataque e retirada rápida, desenvolvento habilidades de defesa mais que de ataque. Tratei de aumentar nossa rede de informação, buscando notícias das Minas Gerais, do reino e se possível do mundo. Corriam rumores de insurreições escravas em várias províncias, entre as quais Bahia, Rio Grande do Sul e Rio de Janeiro. Falava-se numa tal Sociedade Gregoriana, que tinha influência inglesa e espalhava agentes abolicionistas da escravidão nos grandes centros. E ficamos sabendo que a Regência havia acabado e que o país tinha um monarca menino reinando no seu palácio imperial no Rio de Janeiro, o filho mais velho do português d. Pedro, também ele Pedro.

Nos últimos meses que passei ali, o quilombo havia mais do que dobrado a produção de farinha, de feijão, de milho e de arroz. Onde poucos decidem e decidem com amor, o céu se abre e os milagres acontecem. Havia agora um pequeno engenho de açúcar no lugar, e eu conseguira proibir o consumo de bebida fermentada, fosse aguardente ou vinho de palmeira. Fiz um levantamento dos habitantes do Formiga e fiquei sabendo que muito mais da metade deles era de africanos de nascimento e o resto de crioulos. Quase todos eram cativos e tinham entre quinze e quarenta anos. Dois dos africanos tinham mais de cem anos e ainda insistiam em trabalhar. Melhorei a aparência das casas, mandei cavar fossas novas e ordenei que dutos de madeira puxassem água fresca de fontes próximas. Para isso, lembrei dos planos de abastecimento de água para uma grande cidade que dr. Carmo guardava nos seus armários e que, segundo me contara, tinham pertencido ao alferes enforcado no Rio de Janeiro depois que a sua revolta fracassara. Mas, no quilombo, quem não quisesse mais ficar lá podia ir-se embora porque todo homem deve andar por onde bem entende, mas antes deveria avisar que estava partindo e fazia a promessa de não ensinar a direção do quilombo a ninguém, para evitar invasões.

Um dia achei que já era tempo de também seguir meu caminho. Não queria passar o resto de minha vida num quilombo e queria rever minha mulher e meu filho. Esperava encontrar ainda a "fazendinha" que havia escondido muito bem e que me permitiria comprar a liberdade e viver bem em qualquer lugar do mundo. Reuni os quilombolas e indiquei Domingos para me suceder. Ele era então um homem convertido à simplicidade e ao bem, sem ostentação ou fanatismo. Não tinha mais nada do aventureiro de outros tempos em Magé. Quando me perguntaram por que partia, respondi que o mundo era grande e eu queria conhecer outros lugares e servir outras pessoas. Houve um silêncio prolongado, e eu concluí: "Servir como homem livre, não como escravo". Por esse tempo, havia adquirido a certeza, por diversas pessoas com quem conversara, de que Felipe Nagô não tinha mais filho vivo ou parente em Mariana, de modo que estava dispensado de levar até algum herdeiro dele as pepitas que a Bernardina me confiara antes de morrer. Por outro lado, não queria ficar com elas. Pensei nisso uns dias e afinal decidi dá-las a um orfanato da cidade. Como receava chamar a atenção para mim, deixei as pedras com um bilhete em que dizia estar doando aquele pequeno tesouro e desejava permanecer anônimo. Quando passei uma hora depois pela casa dirigida por religiosas, vi que elas se reuniam na capela para dar graças a Deus pelo presente. E a partir desse dia planejei minha viagem de volta a Ouro Preto com o que havia ganho com meu trabalho.

De fato voltei para lá como tinha saído quatro anos e meio antes, só que então no lombo de uma mula que havia comprado no Pombeba. Antes de viajar, no entanto, rezei por Bernardina e procurei a "fazendinha", que continuava no mesmo lugar. Bati estrada todo o dia seguinte e mais um outro, e quando achei que já não podia mais caminhar nem me sentar na espinha da mula magra, avistei as grutas de Lagoa Santa. Dormi por lá naquela noite, olhando com uns archotes que improvisei as pinturas nas paredes de pedra, e me lembrei do dr. Lund, que havia jurado escrever um livro a respeito daquela maravilha do homem antigo. Com o mesmo resto de archote conferi meu tesouro, um punhado de diamantes pequeninos e pepitas de ouro do mais puro. Minha idéia era pegar mulher e filho em Ouro Preto e viajar para o Rio de Janeiro, onde poderia viver tranqüilamente para o resto da vida, se alguma coisa ruim não me acontecesse pelo caminho. Não sabia ainda como viajaria com aquelas pedras, mas o tempo haveria de me ensinar.

Aquele menino comprido, em cuja pele se misturavam o róseo e o azeviche, de cabelo pouco crespo e levemente avermelhado e que me olhava com espanto desde que apareci no fim da calçada era o meu menino, Fasaha. Corremos os dois e nos abraçamos longamente. A mãe estava bem, mas dr. Carmo tinha morrido havia um mês. Fomos andando para casa em silêncio, depois de falarmos de morte, e eu olhava de lado para aquele Futa Jalom espigado, lindo na sua espontaneidade de magricela, até há pouco falando pelos cotovelos. Em casa só não foi uma festa porque todo mundo estava ralado com a morte do chefe da família. Olufeme havia engordado um pouco, mas seu corpo ainda bulia muito comigo. Passamos aquela primeira noite em claro, entregues ao prazer de amar, e três meses passados daí, quando estávamos de partida para o Rio, ela me disse que estava esperando outro filho meu.

O quilombo de Querubim
1844/1845

Naqueles meses antes da partida, amargamos juntos as más notícias e saboreamos as boas. Dr. Carmo revelara sua amizade e generosidade comigo deixando cartas de alforria no meu nome, no de Olufeme e no de nosso filho, lavradas por escrivão com todos os requisitos legais, e essa foi sem dúvida a melhor notícia que me esperava, ao lado da tristeza pela morte do meu amigo. Se tivesse voltado para Ouro Preto quando renunciei à lavra que fazia com Bernardina, ainda teria podido conviver algum tempo com ele. Mas quem adivinhava a morte? Tinha pedido pouco antes de morrer a dona Emerenciana, que mantinha luto fechado e dizia a nós que ficaria assim pelo resto da vida, que me desse de presente uma carta preciosa da sua coleção de pertences do artista Antônio Lisboa, dito "Aleijadinho", que no seu tempo fora muito respeitado na cidade pelos seus trabalhos mas que agora estava esquecido. Só vim a ler com cuidado essa carta anos mais tarde, e a conservo comigo até hoje. Entre outras coisas, o escultor, que era filho de uma escrava com um mestre escultor português, comenta na carta o trabalho que lhe deu fazer a maravilha da igreja Nossa Senhora das Mercês e Perdões, na cidade, com a ajuda dos seus três negros queridos, também artistas de qualidade, entre os quais se contava o avô do dr. Carmo. Dona Emerenciana chorava muito quando falava no marido.

Antes de partir quis saber, em confiança de amigo, se a viúva tinha sido deixada em situação confortável quanto a bens materiais, porque agora estava em condições de ajudá-la com o que havia ganho no garimpo. Agradeceu muito e disse que não precisava de nada. Soube então que ela chorava porque tinha dois em vez de um bom motivo para isso: além da morte do marido, a filha mais velha, Leontina, tinha fugido de casa com o filho de um comerciante de Ouro Preto, um tipo ainda muito jovem, e havia um mês ninguém sabia deles na cidade. O Gonzaga da Cabeça Branca, chefe dos criados da casa, não se conformava com a nossa partida e, nas suas lamentações, dizia ter certeza de que Leontina fora levada contra a própria vontade. Embora não acreditasse na versão, preferi não dizer nada. Anos mais tarde iria encontrá-la no Rio de Janeiro, confirmando minha impressão de que ela havia fugido porque fora proibida pela mãe de se casar com o rapaz.

Partimos, afinal, exatamente três meses depois do meu regresso das bandas de Diamantina, onde ficara quatro anos e meio. Era uma pequena tropa que agora seguia viagem para a província do Rio de Janeiro: nós três com as malas e trouxas de roupa, em quatro burros bem nutridos. Nosso tesouro, a "fazendinha" como a chamávamos, espalhei pelas montarias e deixei uma parte no meu bolso. Planejava fazer essa viagem aos poucos, sondando o que havia pela frente e me acautelando para não ser roubado. Havia na época muitos assaltantes tocaiados nas estradas que saíam das Minas, esperançosos de pegar o ouro e as pedras trazidos dos garimpos nos bolsos e nos surrões que eram levados para a Corte.

Foram dias monótonos no lombo dos burros. Quanto a mim, preferia andar como fizera ao tempo da fuga da Bahia, com Firmino, quando atravessamos a pé quase toda a província baiana até as Minas Gerais; mas com Olufeme e o menino isso era impossível, eles não suportariam tanto chão e desconforto. Viajávamos em silêncio porque Olufeme e a criança como que adivinhavam meu desejo de permanecer calado. Às vezes, Fasaha cantarolava cantigas de roda que aprendera com Leontina nesses anos de Ouro Preto, mas isso, em vez de me perturbar, me alegrava, pois a voz de meu filho era como a dos anjos. Lembro que meditei dois dias e meio sobre a *héjira*, o mito da viagem, porque aquela era a dificuldade no momento e eu precisava ir além dela, através dela. A palavra árabe queria dizer "abandono", "rompimento de laços" e "migração". Ir para longe era romper as amarras que nos conservam presos aos hábitos e ao conforto.

Havia aprendido em Tombuctu que pelo pacto de Hudaibia, assinado entre o rei da Abissínia e os muçulmanos, a peregrinação a Meca não deveria se caracterizar pelo prazer, mas sim pela renúncia ao bem-estar, que é parte das viagens em lombo de animal. Quando o Profeta foi de Meca para Medina no ano 622 da Era Cristã ele disse aos que o seguiram que o percurso seria de sofrimento, e somente as mulheres, as crianças e os enfermos estavam dispensados do sacrifício. E no entanto a *héjira* se transformava em deleite quando o peregrino estava inteiramente atento ao que acontecia dentro dele. O Corão falava em muitas viagens nas suas suras, mas então só me lembrava das primeiras peregrinações corânicas de Abu Salma e de Amir Rabia, que viajaram com suas mulheres apesar da desaprovação de Meca. Mas não era a história, era o significado da passagem que me encantava. E repetia o Corão, tentando lembrar as palavras e não raro tropeçando nelas: "Aqueles que acreditaram a ponto de abandonar suas casas e se contrariaram pelo amor de Deus, assim como aqueles que os entenderam a ponto de os ajudarem, esses são como irmãos no Céu". E depois, completando, enquanto a melodia da canção de Fasaha fazia eco nos barrancos: "Vós que migrais pela causa de Deus haveis de encontrar refúgio para o sofrimento e abundância de amor na terra". Toda marcha, toda vida, todo caminho é uma *héjira*, e por isso Ibn Handal nos falava nos cinco mandamentos da lei de Deus: *sam, ta'a, héjira, jihad* e *jama'a*, isto é, atenção, obediência, migração, combate interior e organização.

Fora Anas Malik quem afirmara que o Profeta havia dito: "Aquele que sai em busca do conhecimento estará na trilha de

Deus até que volte". Era preciso sair, dar o primeiro passo e mais um, para que as coisas acontecessem. A recusa de caminhar não leva a lugar nenhum, embora o peregrino não saiba aonde vai quando começa a viagem. Esse primeiro passo é a fé que move. Pensava em Majnun andando em torno da Caaba, ao lado de seu pai e de outros peregrinos, a cabeça baixa mas o coração elevado até o céu, sabendo que seus primeiros passos foram dados na treva, mas que agora alguém os guiava, e ele confiava nisso. Quando levantei os olhos da meditação o sol já tinha sumido e estava escuro, e os nossos burros caminhavam muito junto dos barrancos. Minha mulher e meu menino olhavam para mim, obedientes como eu quisera ser obediente a Deus. Sorri para eles e apeamos ali mesmo a fim de passar a noite.

Não entramos em Barbacena, passando ao largo para não despertar a curiosidade ou atrair a atenção de malfeitores. Margeamos um grande rio que devia vir de uma montanha mais ao sul, e decorridos três dias chegamos às proximidades de Matias Barbosa, segundo nos informou um estrangeiro que viajava sozinho carregando seu baú às costas, sobre o cavalo. Esse mascate conversou conosco um bom tempo e nos quis vender uns colares e uns lenços, mas conforme havia combinado com Olufeme nós lhe dissemos que gostaríamos muito de comprar, mas estávamos com o dinheiro certo para comer até chegar à Corte. Em Paraíba do Sul não acampamos sob as estrelas, como vínhamos fazendo desde Ouro Preto. Vimos na estrada uma casa larga feita de barro e sapê, com um homem agachado na porta pitando. Tinha um chapéu de palha enterrado na cabeça e nos saudou quando nos aproximamos. Perguntou se queríamos pousar, e eu me ofereci para pagar pela ceia e pela noite de hospedagem, com o que ele logo concordou. Deixei Olufeme com Fasaha ali mesmo e dizendo que queria ver umas terras um pouco adiante fiz o animal seguir comigo uma légua mais. Daí enveredei uma légua pelo mato e saltei da montaria junto a um pequeno bosque. Sentia que não havia ser vivo em volta, e sob a forquilha de um salgueiro fiz um buraco profundo, depositando a terra ao lado. Depois guardei no fundo os seis saquinhos em que levava as pedras e as pepitas, deixando quatro destas, entre as menores, no bolso esquerdo da calça. Em seguida voltei devagar e cheguei na casinha do homem de chapéu de palha em menos de uma hora. Comemos bem e conversamos muito com Zaqueu, o dono da casa, sobre a ruindade dos atalhos daquelas Minas Gerais.

Dormimos um sono reparador e partimos de manhã, levando uns sacos de mantimentos, tendo eu posto na mão do nosso hospedeiro um pequena pepita dourada que o encantou. Pedi-lhe alguns réis para qualquer despesa pela frente e logo adiante, para atravessar o rio Paraíba, tive de dar umas moedas a um barqueiro que não nos olhou durante a travessia. Do outro lado, pedimos a um boiadeiro que tangia umas vacas para o Sul que nos ensinasse o caminho de Vassouras e Piraí, pois era por ali que se chegava melhor ao Rio de Janeiro. Na região montanhosa que alcançamos em três dias a bom trote, procurando terrenos mais planos e menos pedregosos, ladeamos um rio que banhava um dos lugares mais bonitos que já tinha visto em minha vida.

Tínhamos deixado para trás as plantações de cana-de-açúcar que tornam muito feias as paisagens e agora íamos através de vales sucessivos, todos cobertos por flores. Olufeme ia me mostrando os jaquiritis, os pés de coco-de-catarro, a salsa, o agave, a celestina, o cangalheiro, o cará-de-caboclo, a bengaleira. Os buritis eram mais raros lá, mas havia fartura de manjerona, de mimosa, de molugo e maravilha. Os pássaros, não conhecíamos todos, e Fasaha nos perguntava o nome de alguns que nunca tínhamos visto. Mas eu apontava os bichos que identificava pelo nome, como os dourados, os sarapós, os anequins, os gambás, a ararinha-azul, e meu filho gritava a cada nova descoberta. Foi um dia inteiro de risadas, de gritos e descobertas, nós três olhando para o alto, para a água, para o chão, e uns para os outros, amando e sabendo que se é amado, com a graça de Deus.

À noite acendemos uma boa fogueira e pregamos os olhos no céu estrelado, como era nosso costume fazer desde que iniciamos nossa viagem os três juntos. Depois que eles dormiram fiquei eu sozinho, e pensei no quanto a fé tinha mudado para mim, o quanto o meu Islã tinha sido simplificado nessas correrias pelo sertão, embora nunca abandonado. Tão longe das terras onde ele floresceu no passado e continuava a florescer, estava eu ali voltado para o Sudeste, a cabeça tocando o chão, mergulhado na pura verdade de que Deus era um só e Maomé era o seu profeta. E pensei em Ahmad Ibn Ajiba, que era do Marrocos mas estivera em Tombuctu anos antes do meu nascimento, para pregar a quem quisesse ouvi-lo no coração do ensino teológico da África Ocidental. E eu havia lido em Ibn Ajiba que a fé podia se alimentar sozinha no coração do fiel, por mais que o mundo em volta falasse de outra coisa. Bastava permanecer vazio, ensinava ele, para que a verdade ocupasse o lugar que lhe era devido no coração do homem e fizesse ali seu ninho. Quanta verdade era trazida então da irmandade de Hamadsha, na cidade de Meknes, no Norte do Marrocos, os papeizinhos dobrados com as suras, que guardávamos nas pregas da nossa roupa ou em medalhões pendurados ao pescoço. No começo da oração, nessa noite, eram as estrelas e eu, mas a certa altura, que eu próprio não marquei, eram somente as estrelas, nada mais. Ao me levantar veio a mim uma sura que gostava de dizer por dentro ainda menino na África e que já não evocava havia muito tempo: "Jamais vi coisa alguma / Sem nela ter visto Deus". Baixei a cabeça envergonhado da minha cegueira humana. Quem me dera aquilo fosse verdade.

Por volta do meio-dia de uma jornada feita sob chuva, paramos diante de um pequeno lago numa suave elevação. O lago azul se estreitava no meio, e eu imaginei, não sei por que, uma fina ponte ligando as duas margens naquela parte mais estreita. Decidi que ficaríamos um pouco ali, e logo Olufeme se afastou para pegar uns gravetos para a fogueira. Fomos, eu e Fasaha, até a beira d'água e lá ele se debrubuçou para ver refletidas no espelho sereno as árvores altas do outro lado. Tirei minha roupa e entrei na água lentamente, puxando meu filho, que me seguiu confiante, embora não soubesse nadar. Mostrei a ele que era fácil flutuar mantendo a boca fora d'agua e mexendo os pés. Sem ter nenhum pensamento sobre o que se está fazendo, mas aprendendo com o próprio corpo, apenas sabendo que é possível flutuar desde que quase todo o corpo fique embaixo d'água. Enquanto ele se movia próximo da margem, nadei para mais longe e mergulhei várias vezes. Foi aí que percebi que as árvores em volta eram carvalhos muito antigos, desses que os europeus gostam de cortar para fazer móveis nos seus países. A beleza da paisagem vista da metade da travessia até a outra margem me encheu de encanto. Meu filho brincando perto da orla, Olufeme cortando gravetos, muito longe mas visível dali, e as colinas verdes atrás sem árvores no topo, um lugar onde talvez homem nenhum tivesse visitado antes.

Por instantes passou pela minha cabeça ficar por ali mesmo, contruindo uma pequena casa para nós três, depois de voltar a Paraíba do Sul para pegar em segurança minhas pedras e pepitas, mas quando saí da água a idéia de conhecer o Rio de Janeiro já tinha voltado ao meu espírito. Comemos à beira do lago, enquanto anoitecia. Não me esqueci da conversa que tivemos, meu filho e eu, enquanto seu sono não chegava. Ele me perguntou como havia aprendido a nadar naquele instante em que estava na água comigo. Olufeme também me olhava querendo ouvir a resposta, e eu não sabia por onde começar. Disse então a eles que conquistar uma habilidade era diferente de aprender, e que a primeira sempre se referia a alguma coisa que o homem havia inventado ao longo dos séculos, enquanto a segunda era a compreensão de coisas que já faziam parte do homem e que suas fantasias tornavam nebulosas ou faziam esquecidas.

Conquistava-se a habilidade de atirar flechas, mas isso não precisava acontecer com o comer, o andar, o rir e o chorar, que já estavam no homem e apareciam nele sem que ele precisasse saber qualquer coisa a respeito. A mulher e o menino me olhavam em silêncio, e pelo modo como seus corpos estavam, sentados com harmonia e descontraídos, entendi que estavam vivendo aquilo. Por meu lado, enquanto falava eu também entendia o que me vinha ao espírito. E aí minha memória, que era uma habilidade, me passou um momento vivo do *Mantic uttair* da minha infância, em que o corvo falava às outras aves que estavam em busca do Absoluto, e dizia a cada uma o que era sua força e sua fraqueza naquela procura, e o entrelaçamento dessa história com o comentário que eu havia feito era um aprendizado.

No dia seguinte encontramos um rancho onde morava um casal e seus cinco filhos, todos em idade de trabalhar. Ofereceram-nos café e broa de milho e conversamos sobre a região. O homem, de que não lembro mais o nome, era muito alto, magro e queimado de sol, e tinha uma barba em ponta que me lembrava o Jesus Cristo de uma capela de Ouro Preto, a qual me havia ficado na memória. Disse ele que a região em que estávamos era muito perigosa por causa dos quilombos que ficavam um pouco mais ao sul e cujos negros saqueavam os engenhos e as casas das redondezas. Havia quilombos imensos na região de Iguaçu, e agora que o Império havia ficado rico com o casamento do imperador, os assaltos aos viajantes tinham aumentado muito porque os fascínoras sempre esperavam encontrar ouro na bagagem dos que subiam para as Minas Gerais. Fiz algumas perguntas ao dono da casa e por elas soube que o imperador havia casado com uma princesa européia que trouxera no enxoval muito ouro, além de se fazer acompanhar de muitos sábios que vieram transmitir sua sabença aos homens do Império. Mas que eu me cuidasse, principalmente se trazia ouro comigo, nos caminhos da descida da serra na direção do mar, porque eles estavam infestados de malfeitores. Disse-lhe que nada levava de precioso além das nossas vidas e agradecendo pela refeição, me despedi do hospedeiro, da mulher e dos seus cinco filhos.

Descemos a serra sem perigo, parando para dormir ou pescar alguma coisa nos riachos que formavam piscinas naturais em toda dobra de terreno. A quantidade de araras que viviam ali me impressionou. Num ponto da descida pensei ter visto o mar, mas talvez fosse engano — era um risco azul no horizonte levemente enevoado, depois de uma imensa baixada que se perdia para a direita e a esquerda. Quando nos aproximamos de um rio barrento à frente, ouvi o relincho de cavalos e logo mandei que nos apeássemos das nossas montarias. Pedi que Olufeme e Fasaha ficassem imóveis e caminhei na direção do ruído com meu passo silencioso. Eram cinco negros que falavam e riam, seus cavalos bebendo água e pastando ali em volta. Eram bantos, um tanto gordos, e traziam armas de fogo e facões. Nos cavalos havia arcabuzes muito velhos. Dei a volta pela direita e distingui o som de vozes em outro lugar, e em mais outro um pouco adiante.

Percorri toda a área observando e me espantei com o movimento que havia por ali. Ia ser difícil passar no rumo do mar, e voltar não queríamos de todo. Não havia outro remédio senão o que decidi tomar. Mandei que Olufeme e o menino caminhassem com o cuidado possível para uma colina bem à nossa direita, ainda uma dobra da serra, dando a volta por cima dela e seguindo em linha reta para o mar, e então me esperassem em dois ou três dias na primeira povoação que encontrassem pela frente naquele rumo. Concordaram com medo nos olhos, mas em silêncio, e seguiram caminho sem olhar para trás.

Corri declive abaixo para a esquerda e saltei sobre a sela do cavalo de um dos cinco homens que estavam mais distanciados deles, galopando pela ravina sem parar. Pouco depois olhei para trás e percebi pela poeira que eles vinham a todo galope atrás de mim, provavelmente alertando outros para que os seguissem também, como eu queria. Voava entre as árvores, e o cavalo já se entregara a mim naqueles poucos minutos em que estava montado. Em pouco tempo avistei do meu lado direito uma montanha de base larga e de picos muito agudos. Não havia sinal de vida humana por perto, a não ser pela tropa que me perseguia e levantava muita poeira.

Afinal meu cavalo cansou, espumando e jogando mal as pernas para a frente no galope. Achei que devia livrá-lo daquele sofrimento e fiz com que parasse atrás de uma grande pedra, onde o soltei no mato. Agora era só comigo. Disparei sem direção certa e subi numa árvore frondosa, como havia aprendido a fazer em criança para me esconder de perseguidores. Fiquei imóvel lá em cima como uma fruta verde, até que a noite caiu sobre o mundo. Não ouvia nenhum som, apenas sentia fome e distinguia no ar um cheiro suave de lenha queimada. Andei até um descampado e fixei uma fogueira bem longe.

Segui naquela direção andando entre touceiras até que alguma coisa caiu sobre meu corpo e se enrolou em mim. Era uma rede, e eu não tinha como me livrar dela. Ouvi vozes e gritos, e um negro alto de carapinha grande se aproximou falando um português muito claro, até bem perto do meu ouvido. Os outros riam e batiam palmas. Ele me agarrou pelo cabelo.

"Você é safo, mas não é o bastante para mim", ele falou.

"Não sou bastante safo para a sua rede, diga isso", respondi naquele tom cantado que havia aprendido no cais da Bahia.

Ficamos todos quietos, e somente uma pessoa riu da minha resposta. O preto enorme, que os outros chamavam de Querubim, se abaixou para me olhar de perto, depois mandou que me levassem para um carro de bois que estava próximo e que me carregou rangendo e balançando durante umas duas horas, enquanto homens iam na frente e dos lados alumiando o mato com seus archotes e falando em cochichos, como se estivessem num enterro. Lembro que pensei "vai ser assim um dia, quando eu tiver morrido?". Logo que me arrancaram do carro, depois de passarmos pelo meio do que me pareceu um lamaçal, percebi que estava num quilombo.

No começo fui tratado como prisioneiro, os pés presos com uma corda, sozinho na pequena cela onde só havia uma esteira no chão, numa casa de barro e sapê. Querubim vinha várias vezes por dia trazer comida e falar comigo. Alto e gordo, preto de azeviche, escondia a carapinha redonda num turbante que me fez pensar que ele podia ter origem islâmica. Na verdade não era. Sentou-se no chão e desamarrou por um instante meus pés. Aos poucos fui entendendo que se tratava de um homem bom e leal, embora violento, e que odiava acima de tudo a escravidão e o desprezo dos brancos. Falei a ele sobre a revolta dos malês na Bahia e contei que já tinha vivido em outros quilombos nas províncias da Bahia e das Minas Gerais, que havia aprendido muita coisa e ensinado algumas outras, que achava legítima a violência em alguns casos e profundamente tola e perigosa para o violento na maioria das vezes. Disse-lhe que eu era pobre (a única mentira que contei), tinha uma mulher que deveria estar chegando no Rio de Janeiro e esperava outro filho meu além daquele que a acompanhava e que pensava em morar com eles e trabalhar na Corte.

Querubim me contou que tinha o sonho de fazer aquilo que os brancos mais temiam, um verdadeiro "campo negro", o qual unisse vários quilombos que seriam um dia uma nação de pretos livres, reconhecida pelo imperador e pelo mundo. Após a primeira vez que Querubim me contou seu plano apaixonado e tornou a atar-me os pés, perdi completamente o sono, andando aos saltos pelo cubículo como um saci, ou meditando sentado sobre os tornozelos amarrados. Podia me libertar dali se quisesse e sair matando gente pelo caminho até me perder no arvoredo além dos valões, mas agora queria ficar ali mesmo porque estava impressionado com a idéia de uma nação feita de quilombos.

A primeira pergunta que fiz a Querubim quando ele voltou no outro dia pela manhã foi por onde iriam passar aqueles caminhos que seguiam para o mar, antes de chegarem à praia. Falou que iam para a freguesia de Campo Guaratiba, mas dali não havia passagem para a capital a não ser pelo oceano, em barcos de pescadores. Ele havia entendido que eu só queria saber de Olufeme e de Fasaha, adivinhando se eles corriam algum perigo indo para lá. O melhor que eu podia fazer era esquecê-los por enquanto, foi o conselho que recebi e que achei acertado. Se fizesse outra coisa acabaria prejudicando aqueles com os quais estava preocupado.

No quinto dia já podia sair e andar pela aldeia com Querubim ou algum dos seus homens, voltando depois à minha cela. Comia sentado com cinco ou seis pessoas, conselheiros do chefe, e todos podiam falar como iguais com Querubim. Quanto a mim, de começo queria muito ouvir. E de fato aprendi muito naquelas reuniões que eles chamavam "assembléias". Alguns ali eram mulungos, companheiros sagrados na viagem de navio para a costa brasileira. Tinham origem cabinda, conga, benguela. No quilombo de Querubim não havia hauçás ou fulas além de mim. E uma surpresa, havia uma mulher que também era cabeça do quilombo, a Rita Conga. Os que vinham abaixo do chefe eram Anastácio, Afonso, Canuto, a mesma Rita e uma outra mulher, idosa mas muito viva, de corpo recurvado, a Joana Mofumbe. O "profeta" do quilombo era Antônio Magro, muito alto e ossudo, de rosto encovado e o corpo enrolado num manto branco que ele mantinha muito limpo.

Querubim tinha a fama de "chefe feiticeiro" e dele se contava que pertencia a uma sociedade secreta que desejava fundar uma grande nação negra no coração do Império brasileiro. Se Que-rubim era de "quebanda", isto é, se tinha poderes de bruxo, nunca soube e na verdade nunca acreditei nisso. Mas era um homem forte que sabia comandar. Nossas conversas particulares nos aproximaram muito, e na "assembléia" diária na hora do almoço de manhã nossas idéias coincidiam com freqüência. Mas os grandes projetos ele só me contaria mais tarde. Nos primeiros meses naquele quilombo aprendi muito sobre o mundo em volta. Havia um destacamento militar de plantão permanente na Praia Grande, entre a área de Iguaçu—Vassouras e a Corte, pronto para intervir no caso de uma insurreição de pretos contra os brancos. Pairava na Corte, segundo me diziam, um grande medo do que designavam como "campo negro". Em Magé, no fundo da baía, ocorrera havia pouco o esmagamento de uma revolta, com mortes e torturas. O chefe de polícia da Corte, Eusébio de Queirós, era odiado por todo mundo ali.

De que mais precisava o quilombo além de pólvora em barris, chumbo e armamento? De nada. Plantavam-se lá mandioca, tabaco, feijão, milho, e fazia-se criação miúda. Não havia cercados no quilombo, e as valas cavadas em torno e inundadas com água dos rios da região seriam para plantar arroz e dificultar um ataque da polícia, dando tempo aos quilombolas de escaparem. Naquela época as fazendas da região já estavam decadentes, e as maiores terras eram dos beneditinos, brandos senhores de escravos que tinham mais de cinqüenta arrendatários em suas propriedades. Querubim dava-se bem com os monges, de quem compravam produtos e a quem vendiam outro tanto. O dia de sábado era dado pelos beneditinos aos seus escravos, para que ganhassem algum dinheiro. Dom Agostinho era um beneditino rebelde que visitava os quilombos para falar no seu Deus com os africanos e crioulos. O monge queria pacificá-los e dava comunhão e batismo a quem quisesse. Havia um "herói" preto que não vivia no quilombo mas que passava por lá para trazer notícias de outros quilombos da Província do Rio de Janeiro — era Domigos, preto forro e guerreiro perfeito, o homem que falava sempre em "campo negro" para fazer outros sonharem e para inspirar pavor em branco. Existia um quilombo no Norte da Província dirigido por uma mulher, Rosaura, que tinha vários maridos e muitos filhos. Ninguém no quilombo de Querubim jamais vira Rosaura em pessoa, mas muita gente sonhava fazer nela um filho, por estranho que isso pudesse parecer.

Quando numa das "assembléias" foi discutida a nova arremetida das polícias da Província contra os quilombos do Sul, Anastácio se dirigiu a mim diretamente para perguntar se eu sabia lutar. Respondi que sabia algum coisa disso e que gostava de pelejar quando a causa era justa. Ele sorriu duvidando e me fez várias perguntas em meio ao silêncio que reinou em volta. Respondi em voz baixa e com tranqüilidade, o que pareceu irritar Anastácio. Disse-lhe que guerreiro se descobria na luta, e isso se fosse guerreiro também. Se fosse conversador não ia nunca saber. Mas Querubim interferiu, com a sua voz solene.

"Quando chegou aqui trazido contra a sua vontade, esse homem me contou um pouco da sua vida e me pediu segredo sobre muita coisa dela e eu prometi silêncio. Mas agora quero romper minha promessa pelo bem de nós todos, porque ele quer ficar conosco um tempo e todos aqui desta irmandade tão leal e corajosa precisam saber desde logo com quem estão lidando."

E falou na revolta que os pretos do Brasil inteiro ainda estavam comentando quase dez anos depois e da qual eu tinha participado, a dos malês em Salvador. Os olhares corriam do chefe para mim, e voltavam para ele. A voz de Querubim era bela e chegava até o casario em torno da pracinha. Pensei que ele podia ter sido um admirável cantor dos hinos religiosos que ouvi na infância em Tombuctu. Quando terminou, já era hora de sair dali, e o grupo se dissolveu. Mas nunca mais depois disso os homens de Querubim na "assembléia" tornaram a suspeitar da minha fidelidade ou me olharam do mesmo modo, e isso me aborrecia um tanto porque me roubava o sossego que me fazia tão bem.

Exatamente agora começava uma fase perigosa para o quilombo, porque as informações que Querubim recebia da sua rede era que o presidente da Província se preocupava com a inquietação provocada por "escravos fujões e desordeiros" nos caminhos das Minas para a Corte. Querubim nos mostrou exemplares amassados e sujos do *Jornal do Commercio*, do *Diário do Rio de Janeiro* e do *Diário de Campos*, em que alguns artigos falavam sobre inquietações nas áreas de Iguaçu e Vassouras. Pedi emprestado o primeiro jornal, para lê-lo todo, e ele me foi emprestado. A seção "Gazetilha" falava pelo jornal e nela havia a frase, que decorei por achar muito grave: "Houve quem informasse o sr. Chefe de Polícia da Província e até agora não consta que S.Sa. tivesse tomado qualquer providência! Derrube-se o casario e prendam-se os criminosos. Onde está a autoridade?". Naquela noite, antes de dormir, me lembrei muito de meu antigo senhor e amigo Malasartes, quando ele me dava recortes de jornais para ler e comentar com ele no dia seguinte. Quanto a mim, teria escrito assim a frase: "Derrube-se o casario e prendam-se as autoridades!". Ou talvez não. Adormeci pensando na experiência de dizer o que se pensa com clareza e de botar isso em letra impressa, para que outros pensem nas coisas que estamos pensando e, quem sabe, podermos contribuir para torná-las mais claras, pelo amor da justiça e da verdade.

Uma cidade, um amigo
1846/1847

No começo de abril do ano seguinte, quando as chuvas de verão tinham passado e os rios baixado suas águas, circularam as primeiras notícias de que uma expedição estava sendo preparada para invadir um quilombo na região de Iguaçu e Vassouras, mas ninguém sabia precisar nada a respeito. O quilombo de Querubim estava agora sossegado, graças talvez aos conselhos de moderação que dei, e que o estado-maior acatava muito, seja porque os assaltos aos vizinhos haviam cessado, seja porque as relações de Querubim com os vendeiros e monges beneditinos eram melhores do que nunca. Mas persistia a suspeita de que era contra o nosso quilombo que se preparava o ataque. Naquele ano muita coisa havia acontecido — Querubim me encarregara de organizar a defesa e o ataque dos guerreiros da nossa cidadela, e eu tinha começado a falar de religião com o pessoal da "assembléia" e com quem mais quisesse me ouvir. Além disso, havia feito uma boa e carinhosa amizade com a Rita Conga. A "escola combatente" era de fato o orgulho do quilombo, e aquela atividade toda me lembrava meus tempos na fazenda Malemba. Querubim e Anastácio tornaram-se bons alunos no manejo da lança, da borduna e da flecha, assim como na luta com os pés.

A conversa que eu chamava de religiosa não era feita ocasionalmente na hora do almoço, mas sempre nos finais de tarde. Falávamos na violência inútil, na raiva que podia ser dirigida, no valor do silêncio e na capacidade do guerreiro — o guerreiro pela vida afora, não só durante os combates, o guerreiro em luta contra a ignorância das leis naturais e contra a sua natureza animal — de olhar o fundo humano e o da sociedade em que se vive. A cada semana contava uma história nova do *Mantic uttair*, que para minha surpresa ainda não se apagara em mim, apesar de tanto tempo decorrido. Quanto a Rita Conga, começou como minha amiga e acabou como minha mulher. Olufeme nunca me saiu do coração, mas eu então desejava Rita. Naquele começo de abril estávamos morando no mesmo casebre de barro e sapê, e foi pouco depois de ela me dizer que estava esperando um filho meu que ouvi pela primeira vez de Querubim a afirmação de que era de se esperar uma invasão do quilombo para muito em breve.

Andei muito ao redor do quilombo com Querubim, Anastácio e Antônio Magro, para conhecer nossas possibilidades de resistência. Ouvi longamente o interrogatório de informantes e de presos sobre os preparativos da invasão, e as conclusões que fui formando nada tinham de tranqüilizadoras para nós. Querubim tinha uma idéia clara da situação, e seus planos se resumiam numa resistência nossa que permitisse a fuga do maior número possível de mulheres, velhos e das crianças. Os guerreiros que não pudessem mais resistir deveriam abandonar o campo e se preservar para futuras lutas. Os fugitivos deveriam procurar abrigo em outros quilombos, ainda que muito longe dali. No meu íntimo me concentrava em encontrar um modo de impedir que o cerco do quilombo fosse total, caso em que toda fuga seria impossível e acabaria na nossa morte. Anastácio me dizia que as autoridades não podiam desperdiçar a força de trabalho dos quilombolas, por maior que fosse seu ódio e seu desprezo pelos negros, de modo que não haveria nunca um massacre. Não acreditava nisso, pois me parecia uma visão romântica da realidade. Os homens eram, nas suas ações, muito mais emoção do que percebimento, eu insistia nisso nas reuniões. Aí Querubim perguntava o que deveríamos fazer. A cantoria no terreiro do quilombo parecia dar uma resposta fácil demais:

> *Folga, nego,*
> *Branco não vem cá.*
> *Se vié*
> *O diabo há de levá.*
> *Folga, nego,*
> *Branco não vem cá.*
> *Se vié,*
> *Pau há de levá.*

A região do quilombo era uma extensa várzea coberta de mangues, com cerca de légua e meia de cercado, um pântano imenso ao lado e uma passagem estreita onde os policiais e soldados cairiam fatalmente se não trouxessem pranchões de pau para atravessar. O quilombo estava bem provido de armas e de mantimentos. Para quem não conhecia a região, aquilo era uma ilha graças aos valados feitos ao seu redor, e esses valados não davam acesso a canoas. Somente mateiros experimentados podiam chegar facilmente lá, porque andar em mangues é difícil para o comum dos homens. A água que cercava o quilombo vinha dos rios Iguaçu e Sarapuí. Estudei um modo de aumentar o alagamento quando precisasse, mandando cavar valões mais profundos e usando pequenas comportas de madeira junto das margens dos rios. Quando uma tarde mostrei a Querubim meu plano para retardar a resistência (ninguém pensava em vitória), ele esfregou as mãos de contentamento. No segundo dia de maio chegaram uns emissários de Iguaçu contando que alguns destacamentos policiais tinham começado a arranchar em vilarejos que distavam dez e doze léguas de nós. À frente deles vinha o próprio delegado de Iguaçu, um sujeito com fama de violento do qual não me recordo o nome. Os taberneiros que negociavam com Querubim tinham sido presos pelos comissários de polícia das freguesias de Meriti, Pilar e Jacutinga.

Convenci Querubim a não usar estrepes venenosos nas entradas do seu quilombo do Ipê, porque os considerava arma traiçoeira e cruel, embora soubesse que os policiais invasores não hesitariam em utilizar toda espécie de crueldade contra nós. Sabia que numa guerra os combatentes ditavam em cada luta o estilo e a moral do combate. Não era questão só de vencer, porque agora era mais uma forma de sobreviver. Os caminhos secretos de fugas que preparei eram novidade para aqueles antigos escravos porque não havia quase fulas nem hauçás na região, autores tradicionais desses recursos na África. Quanto à luta corporal, eu havia mudado tudo em Iguaçu, introduzindo os pulos, as esquivas e as trufas. Criei lá os grupos dispersos de guerreiros que atacavam e fugiam, surpreendendo o inimigo com sua rapidez ou dando a eles uma falsa impressão de fraqueza, o que era fortalecimento para nós. Consegui abolir os gritos de guerra sem significado, como "Morram os Chumbos, viva São José", instituindo vivas à liberdade e à "Honra a Deus". Organizei dez pelotões de quicumbas para carregar provisões e armas até o lugar dos combates.

Sabia que os policiais das regiões próximas da Corte usavam cães farejadores que dilaceravam as pernas dos negros fugitivos, de modo que fiz distribuir entre os combatentes e espalhar pelos caminhos da região genciana e hortelã maceradas, para desnortear o faro dos cães. Mas se também havia proibido os buracos profundos com estrepes que muitos quilombos costumavam usar contra os capitães-do-mato e policiais, tinha recomendado que no combate leal não deveria haver misericórdia, o que Querubim logo aprovou com satisfação. No fundo ele temia que eu fosse complacente demais com os inimigos. Mas consegui mudar também o espírito e a linguagem do quilombo, que deixou o messianismo, o africanismo e o animismo. Muito mais tarde, já no Rio de Janeiro, leria nas coleções de jornais daquela época a estranheza dos comandantes das invasões que observavam com curiosidade essas mudanças, em comparação com o que viram em outros quilombos invadidos.

Os cercos, ataques e combates duraram três dias e se desenvolveram sem surpresa para nós do quilombo. Nossa principal quicumba, Rita Conga, morreu no primeiro dia com um tiro de espingarda, a duas léguas da paliçada. Não tive tempo de chorar por ela nos dias que se seguiram. Um negro valente e muito jovem, natural de um lugar chamado Travessão, que eu havia treinado com especial carinho por causa de seus notáveis dotes de guerreiro, José Cabrinha, tornou-se logo meu anspeçada. Ele seria gravemente ferido no começo dos combates, e eu só o encontraria muitos anos depois, quando me foi de grande valia por estar comandando então um troço de guerreiros naquela mesma região. Como haviam feito nas brenhas do Bomba, os policiais mataram os negros que lhes caíam nas mãos sem qualquer consideração à "força de trabalho" e ao patrimônio que eles representavam. Tinham muito medo nos seus corações e se recusavam a pensar como os donos de engenhos e os altos funcionários dos ministérios no Rio de Janeiro.

A fazenda dos beneditinos foi tomada e sua produção requisitada pela tropa, nas primeiras horas da invasão. As forças que subiram o rio Iguaçu e penetraram no rio Gabriel chegaram intactas até perto do quilombo. As que vieram pelo rio Mosquito encontraram um grupo dos nossos e debandaram com muitas baixas. Em linhas gerais nosso plano deu resultado: o ataque foi retardado com severas perdas para os policiais, inclusive com a morte de dois subdelegados, e a evasão de mulheres, crianças e velhos foi quase toda completada. Os companheiros da assembléia sumiram quando já não era mais possível resistir e só Querubim se despediu de mim. Com uma ferida aberta na perna que sangrava muito, disse que iria recomeçar a luta mais tarde em outro lugar e contava comigo quando isso pudesse acontecer. Fiz o curativo que cabia e podia fazer nas circunstâncias, nos abraçamos um instante e ele me falou no ouvido: "Deveria ter ouvido mais vosmecê".

Enterrei Rita Conga com meu filho na sua barriga e pus em prática o plano que tinha feito para minha saída de cena. Caminhei um dia e uma noite inteiros, evitando confronto. Depois roubei o cavalo de um policial que encontrei meio desnorteado e que derrubei com um golpe no pescoço. E cavalguei até adormecer de exaustão sobre a montaria, já no alto da serra e longe da agitação dos homens. Dormi junto daquele lago azul que se estreitava no meio, em que me havia banhado com meu filho Fasaha havia dois anos. No dia seguinte cheguei ao pequeno bosque em Paraíba do Sul onde havia guardado a "fazendinha". Lá estavam onde havia deixado, bem guardados pela terra, os seis saquinhos com as pedras e as pepitas. Cavalguei de volta e acenei de longe para Zaqueu, que estava na porta de sua casa, o chapéu de palha enterrado na cabeça, e que pareceu não me ter reconhecido na nova roupa de couro que eu fizera no quilombo. Tomei à direita para evitar Iguaçu e andei pelas serras até avistar ao longe o mar. Em Campo Guaratiba andei perguntando pela negra alta e esbelta que tinha um menino e que havia chegado das Minas havia dois anos, e um vendeiro me informou que eles tinham ido num barco de pesca para o Rio de Janeiro havia um bom tempo. Troquei uma pedra das menores por dinheiro e aluguei um barco que me levasse até o porto do Rio de Janeiro no dia seguinte. Dormi sobre minha fortuna numa cama dura de hospedaria, para não chamar a atenção, e de madrugada embarquei no veleiro do pescador Cosme, um forro como eu. Ele me contou, entre outras coisas, que os navios negreiros agora eram proibidos, que o Império tinha assinado um acordo chamando de "barco pirata" todo aquele que levasse escravos para a América. Dizia Cosme que foi graças à Inglaterra que isso havia acontecido, mas não soube me dizer como, nem por que os brancos importantes da Corte, os donos de negros e os comerciantes estavam agora chamando os ingleses de "guardiães do mundo", como ele já ouvira muitas vezes.

 A chegada por mar na cidade imensa me fez lembrar a tarde em que fui no meu barco para a terra olhando Salvador ao cair da noite, já havia mais de dez anos, na véspera do nosso levante dos malês. Agora, o Paço Imperial que conhecia de gravuras e das descrições do meu antigo senhor Malasartes era o centro do quadro que se oferecia aos meus olhos. E me maravilhei logo ao chegar ao Rio de Janeiro com a beleza simples das suas moradias, a começar por esse Paço, obra-prima da arte de construir da gente portuguesa. Era uma praça assombrosa, com duas igrejas e um grande edifício, que descobri depois ser o Hotel de France, em cujas calçadas de pedras pretas e brancas havia sempre uma fileira de seges e tílburis, com seus segeiros e cocheiros conversando em grupos ou pitando um fumo de rolo,. à espera de um freguês. Era um pouco da Europa de que eu tinha ouvido falar e sobre a qual tinha lido também muito. Cosme desceu comigo à terra e caminhamos em busca de um lugar onde comer alguma coisa. Ele havia se revelado muito cordial e conversador enquanto viajávamos, e não fizera qualquer pergunta indiscreta sobre minha vida ou minha origem. Foi com ele que caminhei pela primeira vez num cenário a que depois voltaria pelo resto da vida. Descemos um trecho da rua da Misericórdia, depois retornamos ao Paço e subimos a rua Direita quase até a ladeira e a escadaria para o mosteiro dos beneditinos lá no alto.

Comemos peixe com pão num frege-moscas numa esquina que hoje reconheço como a da rua São Pedro, mas que na época apenas vi como uma ruela suja que corria para o cais. Em outra esquina vi a placa anunciando a Bolsa do Comércio, mas não sabia com certeza o que se fazia ali. O Cosme era familiarizado com a capital, e quando lhe disse que não tinha para onde ir ele se propôs a me apresentar numa hospedaria ali perto, onde dormia quando vinha ao Rio de Janeiro pegar alguma encomenda para Guaratiba. Era na rua do Sabão, ao lado da Alfândega e na calçada que levava ao trapiche de trigo, no momento tomada por barracas de peixeiros. Sentia um cheiro forte de maresia que me agradava, enquanto subíamos a longa escada. O dono da casa, o Balboa, não se incomodava de hospedar pretos forros, desde que fossem "pessoas decentes". Deixei que ele concluísse se eu me incluía naquela classificação e me instalei num dos seus quartos, pagando adiantado uma semana. Depois acompanhei o Cosme até o mercado de peixe, de onde ele voltou ao seu barco que se afastou depressa do atracadouro. Andei pela rua Direita até anoitecer, comprei sardinhas assadas numa barraca e fui para a hospedaria. Antes de adormecer fiquei imaginando onde podia guardar os saquinhos de couro com a "fazendinha", para o caso de me tentarem roubar sabendo que eu viera das Minas Gerais.

Nos dias que se seguiram fiz reconhecimentos em lugares cada vez mais distantes do Paço. Subia sempre pela rua Detrás de São Francisco de Paula, onde li afixados nas árvores avisos assustadores sobre uma epidemia de cólera morbo que grassava na cidade, e que o povo chamava quebrantamento. Entrava em igrejas para ver seu interior, e aproveitava para me recolher no seu silêncio, onde ficava muito quieto mas bem desperto, atento ao que se passava no meu coração. Às vezes contava para mim mesmo as histórias do *Mantic uttair* e escolhia uma ou outra conforme as minhas preocupações do momento. Durante a Semana Santa vi uma pequena multidão diante de uma igreja que já me chamara a atenção pela beleza das suas linhas, na subida principal do morro do Castelo e próxima ao mar. Lá dentro assisti à cerimônia que chamam de lava-pés dos pobres pelos ricos, seguida de uma distribuição entre estes de uma muda completa de roupa. Entre os que lavavam os pés de pobres, escravos e até de mendigos doentes estavam militares, autoridades, juízes e comerciantes abastados.

Sacristãos e ajudantes da igreja acompanhavam a cerimônia levando jarros de água e bacias, toalhas de linho e sandálias simples. Entre os ricos observei com surpresa um mulato escuro trajado com muito esmero que vim a saber depois ser médico na Santa Casa da Misericórdia, o amontoado de casas construídas junto a um cemitério que estava sendo mudado dali. Alguém tinha me contado havia dias o que mais tarde eu testemunharia pessoalmente, que existiam algumas enfermarias abaixo do nível da rua, sem água ou escoamento de esgoto de espécie nenhuma. Fiquei até o final da cerimônia e no domingo seguinte voltei para a missa das oito horas, quando vi o mesmo personagem confessar-se e comungar muito contrito. Era um sujeito forte, talvez de origem benguela, que mostrava muita dignidade em tudo o que fazia e que não tirava os olhos do altar e do livro de orações. Nesse domingo fiquei longo tempo na orla do mar, vendo a ressaca e comendo camarões assados em pequenos fogões de lenha armados junto aos tabuleiros onde a comida ficava exposta.

Depois de andar muito pela cidade naquele dia tão quente mas de boa brisa à sombra, tive a idéia de saltar a amurada de proteção contra ressaca para tomar um banho de mar. Como não tivesse trajes apropriados entrei na água de roupa, deixando as botas e o casaco sobre umas pedras mais altas, onde podia vê-los. Nadei e voltei para a terra andando sobre a areia mole do fundo, até que senti forte dor na sola do pé esquerdo. Um estrepe que mais parecia um anzol estava enterrado até a metade na minha carne. Vesti o casaco e levei as botas numa das mãos, procurando me amparar com a outra onde pudesse, e caminhei para casa deixando um rastro de sangue pingado por onde ia. As pessoas paravam para me olhar, mas não se dirigiam a mim. Afinal, achei melhor voltar metade do caminho e pedir ajuda na Santa Casa para tirar do meu pé aquele ferrão.

Numa dependência do edifício que estava sendo construído no lugar do antigo cemitério, fui bem atendido por um enfermeiro negro de mãos enormes, que me livrou do estrepe e se preparava para me enrolar o pé com um tecido fino quando um homem trajado de branco se aproximou para olhar o ferimento. Era o mulato escuro que eu tinha visto no lava-pés da Semana Santa. Recomendou que eu ficasse deitado até o dia seguinte e que era bom passar aquela noite na enfermaria. Em seguida perguntou se eu era forro e o que fazia, e eu inventei uma história de Ouro Preto. Depois falou em "escarificações", palavra que eu ouvia pela primeira vez, apontando meu rosto e me perguntou se eu era fula. Respondi que havia estudado em Tombuctu, onde depois fora preso e vendido aos portugueses. O médico interrompeu alguns minutos sua caminhada pelas enfermarias para conversar comigo, curioso a meu respeito, mas hesitante em fazer perguntas. Chamava-se Horácio Mendes, era filho de escravos e havia nascido em Matias Barbosa nas Minas Gerais.

No outro dia de manhã ele apareceu bem cedo, acompanhado de um enfermeiro que trazia o almoço numa bandeja para mim. Dr. Horácio ficou conversando com outros pacientes ali perto, enquanto eu devorava a comida. Depois veio sorrindo e retomou a conversa da véspera. Quando lhe disse, respondendo às suas perguntas, que falava árabe e tinha boas noções de latim e de francês, tendo aprendido algum inglês na Bahia, ele se mostrou muito impressionado.

Ao saber que eu havia chegado ao Rio de Janeiro havia uma semana, me ofereceu trabalho pago na Santa Casa como servente de enfermaria, podendo dormir no hospital como muitos empregados faziam, por causa dos plantões. Aceitei imediatamente e fui capengando até a rua do Sabão para avisar que iria embora e para pegar o pacote com as minhas coisas. Na Santa Casa deram-me uma cama no corredor dos fundos do prédio em obras e a incumbência de manter toda aquela área, inclusive um banheiro imenso, ordenada e muito limpa. Ajudava a fazer curativos, a dar banho nos doentes e a usar neles as ataduras. Nas horas que me sobravam, passeava pelas imediações e pensava no que fazer para encontrar Olufeme e o menino. Ia até o Passeio Público ou subia pela rua Santa Luzia até o lugar que chamavam Curral da Matança, voltando depois pela praia para sentir a brisa do mar no corpo. Às vezes ia mais longe, ao morro do Carmo onde havia um mosteiro dos dominicanos. Ou andava em silêncio pela capela de Santa Luzia e ficava olhando as velas dos náufragos depositadas numa saleta do fundo para pagamento de promessa pelos sobreviventes de desastres no mar.

Recém-chegado à Corte e completamente só, as lembranças dos meus primeiros tempos em Salvador, quando fui trazido da África, não me saíam da memória. Lembrava-me de quando ajudei uma família de libertos no rio Vermelho a construir um barco de pesca para ganhar a vida e da saudade que senti então das embarcações pequeninas que fazíamos navegar nas enseadas do Níger. Era em barcos mais longos e bem-acabados do que esses, que eu vira na Bahia e via agora amarrados no cais do Rio de Janeiro, que a gente forte e corajosa do Futa Jalom andava pelos rios da terra querida, o lugar que meu bisavô Almaani havia enchido de riqueza e de glória. Viemos todos de Timbo, da família mais rica de Timbo, que dava festas onde se matavam mil bois, para as quais vinham convidados da Guiné do Alto Níger. As festas duravam três dias, e meu bisavô puxava a reza e falava com voz possante e pausada para seus súditos e os visitantes. Aquela guerra de Sori havia sido perdida, como me tinham contado outros fulas que vieram depois, chegados muito magros à Bahia depois de meses comendo poeira e dormindo junto da água fresca até Angola e, em seguida, devorando o que era jogado no fundo escuro dos navios pelos malditos portugueses. Ia ao mercado de homens da Cidade Baixa quando me informavam da chegada de navio de Angola, mas ia em busca de rostos conhecidos. Já via fulbes, descobria jalunques, adivinhava nagôs, pressentia os de Burquina-Fasso, mas de todos só falava com os que me pareciam fiéis religiosos, e ninguém me pergunte como os descobria no meio daqueles negros tristes, de cabeças baixas.

Um dia, na Bahia daquele tempo, entre os malungos de um brigue novo eu avistei Ibn Ahmed, o mestre alufá que meu pai venerava e que havia morado conosco na casa-grande de Timbo, depois de fugido de Daomé. Dominei a emoção e imitei o negro preguiçoso de que falam os negreiros, para poder ficar ali rondando, como quem não quer nada. Com um pouco de teimosia cheguei até muito perto de Ahmed e fiquei de costas para ele a fim de falarmos em voz soprada na língua dos fula, e enquanto o escutava me lembrava de quando o tinha ouvido pela primeira vez na vida, na El Jilial, entre a gente religiosa que viera de Bagdá. No mercado da Bahia não podíamos falar mais porque os vigias estavam sempre atentos, mas ouvimos a voz um do outro sussurrada e, no final, nos olhamos longamente, pensando em muita gente querida e distante.

Um tempo depois daquele dia lembro de ter visto no mercado de gente de Salvador, entre outros negros amarrados como gado, Sidi Amadou, meu colega da escola de teologia em Tombuctu. Reconheci sua pequena barba em ponta, a cabeça grande e as orelhas acabanadas. Sidi não me viu nesse dia, porém mais tarde falamos, quando soube que ele fora vendido para os Russell eu o procurei na casa amarela do bairro da Vitória, e foi aquela festa nosso reencontro. Andando agora pelo cais do Rio de Janeiro, lembrava muito do cais da Bahia, onde sempre encontrava alguém de fala hauçá, que identifico a dez léguas porque convivi com essa língua, primeiro como de gente inimiga de meu pai e portanto minha, depois como fiéis religiosos do jeito de todos nós. Os hauçás têm uma história misteriosa, mas todo mundo sabe em Timbo que eles são uma mistura dos tuaregues do Saara com plantadores negros da savana, que vieram dos nagôs, e de pastores que um dia chegaram, vindos de mais longe do que o delta do Nilo. São o próprio coração, a alma e o sangue da África. E a fala hauçá era em toda parte do continente negro a mesma, porque assim se conservou como por milagre. De um modo diverso era a nossa gente fula. A aldeia, nossa gari como chamávamos o lugar onde se vivia, era bela e iluminada por um sol grande num céu muito azul. Que mistérios havia naquelas manhãs que eu nunca mais provaria? Lembrava o cheiro das flores de minha terra e misturava seu perfume às canções que mamãe cantava enquanto amamentava meus irmãos no peito. O grande chefe Sori, como era chamado meu bisavô, morreu de tristeza quando seu filho mais velho — meu avô de quem herdei o nome Ibrahima — foi vendido como escravo depois de feito prisioneiro. Nosso rei tinha mandado fazer uma casa para ele e nela nasceu meu pai, Al-Husain, e, vinte anos depois, eu mesmo.

    Um dia falei ao dr. Horácio da minha tristeza por ter perdido de vista as pessoas que mais amava: minha mulher e meu filho. Ele pensou nisso algum tempo e me propôs que eu escrevesse seus nomes, fizesse uma descrição física dos dois, que ele daria a um amigo seu na polícia para ver se poderiam me ajudar. Embora eu tivesse comigo as cartas de alforria de ambos, no momento temi que com isso alguma autoridade pudesse descobrir algum traço da minha participação na revolta dos malês na Bahia. Meu novo amigo médico era um homem interessado e tenaz, voltando sempre ao assunto, até que me chamou para conversarmos na sua sala. Perguntou o que eu temia na vida. Precipitado, disse-lhe logo que nada, mas a resposta pareceu falsa a mim mesmo e baixei os olhos. E em outro impulso contei a ele tudo sobre a revolta malê e minha fuga para o sertão, mais de dez anos passados. Ficou alguns minutos imóvel, os olhos muito abertos, e em seguida caminhou até mim. De pé e olhando seu rosto de perto, esperei que ele me expulsasse dali, mas dr. Horácio me abraçou. Disse-me que podia confiar nele e só me pediu o nome de Olufeme e de Fasaha para que pudesse requerer uma busca na polícia como coisa sua. Perguntou de novo se eu tinha carta de alforria de ambos e tomou nota dos dois nomes, com suas características físicas. Nesse dia aprendi a confiar naquele homem e, a partir de então, nunca mais mudei minha opinião a seu respeito. Com o tempo, ele se tornou de fato como um irmão muito querido para mim.

O provedor da Santa Casa, conhecido pelo apelido aceito afinal por ele próprio de Zé Pequeno, tinha um escritório grande numa das casas do mesmo largo da Misericórdia, onde não havia de fato água fresca ou escoamento de águas usadas e onde a visão dos restos do antigo cemitério impressionava mal. O prédio ampliado da Misericórdia havia recebido por aqueles dias toda a pedra de lioz, muito branca, que chegara de Lisboa para a sua construção, e havia uma certa desordem em todo aquele espaço. Dr. Horácio havia me contado que Zé Pequeno estava desolado com tanta desordem e sujeira e que lhe pedira sugestões sobre como arrumar melhor a área. Uma tarde em que apesar da leve ressaca que açoitava as muralhas da praia eu resolvera tomar banhos de mar nos trapiches da "Charneca da Lua", sustentado nas cordas que havia ali para segurança dos banhistas, um policial que me observava havia algum tempo pediu que me aproximasse para falar comigo. Queria ver meus documentos de identificação e a carta de forro, e enquanto falava mantinha a mão apoiada na arma que trazia à cintura. Disse-lhe que trabalhava na Misericórdia, e interrogado com quem respondi imediatamente: "O Zé Pequeno". O policial me tomou pelo braço e disse que me prendia por desrespeito ao dr. José Clemente

Pereira, o digníssimo provedor da Santa Casa. Acompanhei o oficial até uma delegacia e, como não tivesse nada que me identificasse, fui trancado numa cela onde havia mais cinco homens, quatro brancos e um negro. Fiquei ali seis dias, comendo batata azeda e milho e rejeitando tudo mais que me davam como comida pelo resto do dia. Havia uma lata d'água que era renovada de vez em quando e daquela água bebíamos todos. Na primeira noite, dois daqueles brancos tentaram segurar meus pulsos para que um outro sujeito me pegasse por trás, o que me levou a agir com energia, quebrando o dedo a um deles e dois dentes ao outro. No dia seguinte eu mesmo tratei do dedo e da boca dos malfeitores, e a partir daí eles se mantiveram a uma distância respeitosa de mim. Na manhã do que seria o sexto dia, tive a satisfação de ver dr. Horácio chegar acompanhado de um delegado e do policial que me prendera. Na sala do delegado, dr. Horácio disse aos dois que se havia alguém que poderia chamar o dr. José Clemente Pereira pelo seu apelido era eu mesmo, seu amigo havia muito tempo. O policial se desculpou, e nós saímos. Enquanto caminhávamos para a Misericórdia, ríamos muito de toda aquela história.

Esse episódio me deu uma idéia que partilhei com dr. Horácio. Seria fácil fazer uma arrumação em regra no Largo da Misericórdia e melhorar ao mesmo tempo o gabinete do Zé Pequeno. Era dispor numa fila os blocos da pedra de lioz ainda não montada, remover o lixo que se acumulara, instalar uma fossa nova no fundo do hospital antigo e pintar a fachada do escritório do provedor. Poderia fazer isso com apenas um ajudante, em poucos dias. Dr. Horácio achou boa a idéia e a levou ao provedor, que mandou executá-la tão logo pudesse. Comecei no dia seguinte com um forro muito trabalhador que me deram como ajudante, e menos de um mês depois estava tudo como eu havia pintado na minha imaginação. Foi quando conheci de fato o Zé Pequeno, um homenzinho barrigudo com um basto bigode grisalho, que me cumprimentou pelo trabalho e me deu tapinhas nas costas. Desse dia em diante, agora que éramos conhecidos, achei conveniente chamá-lo de dr. Pereira.

Nessa mesma ocasião, meu amigo dr. Horácio me pediu que nas nossas longas conversas eu o chamasse como se chama um irmão, sem o título, e assim foi feito. Nos corredores da Misericórdia, no entanto, eu insistia em chamá-lo por doutor.

Uma tarde ele apareceu na porta da enfermaria onde eu lavava um velho paciente com duas latas de água e trapos velhos e pediu que fosse depressa a sua sala. Lá me disse que fora encontrada uma mulher negra chamada Olufeme, mãe de dois meninos, trabalhando numa casa da rua dos Arcos, perto da rua das Mangueiras, mas não deveria ser a "minha" Olufeme porque essa era escrava mesmo. Na manhã seguinte fomos os dois até lá, eu levando as cartas de alforria numa pasta de couro que Horácio me emprestara. O comerciante de secos e molhados Correa de Araújo nos disse que havia comprado essa escrava havia dois anos e a sustentara com seus filhos durante esse tempo, não estando disposto a perdê-la de modo nenhum sem uma indenização. Horácio mostrou-lhe novamente a carta de alforria de Olufeme, passada num cartório de Ouro Preto havia uns poucos anos, lembrando-lhe que era crime previsto em lei manter forros presos em casa, devendo ele sim promover uma ação contra quem lhe havia vendido a dita mulher como escrava. Deixamos a casa sob os gritos e imprecações do comerciante, que se recusava a nos deixar ver Olufeme e os meninos.

Voltamos lá no dia seguinte com o mandado de um juiz, levado por um meirinho e um policial. O comerciante não apareceu, mas mandou que Olufeme saísse com os meninos. Corri para eles e nos abraçamos longamente na calçada. Ela estava tão bela quanto antes, mas um pouco mais gorda, e Fasaha, com a pele mais avermelhada do que a minha, era um frangote espigado que sorria para mim e passava a mão no meu rosto. O outro menino, um filho que ainda não conhecia, vinha agarrado à saia da mãe, desconfiado. Ela lhe havia dado o nome de Tiago porque o padre que o batizou não havia aceito meu nome africano, Ibrahima, que dizia não ser cristão. Teríamos ficado ali na calçada conversando toda a manhã se Horácio não nos chamasse para irmos até a Misericórdia, onde me daria acomodações mais espaçosas e Olufeme passaria a trabalhar. Naquele mesma tarde, por volta das seis horas, jantamos os quatro no refeitório da Santa Casa e contamos o que nos havia acontecido naqueles últimos dois anos. Olufeme chegara ao Rio de Janeiro grávida de seis meses e com Fasaha pela mão. Sem qualquer identificação, foi presa como escrava fujona e depois vendida pela municipalidade ao dono de uma bodega que o vendeu ao Souza, comerciante da rua dos Arcos. Tiago havia nascido na casa dele e era muito estimado por sua filha Amália, cuja presença o menino parecia estar reclamando.

Sentia no Rio de Janeiro, desde que havia chegado, uma antipatia bastante acentuada por aqueles negros que a gente branca identificava como "pretos-minas", os africanos como eu trazidos do litoral atlântico e das áreas próximas, mas esse era um termo genérico que ignorava as muitas nações de africanos que ele compreendia, umas bem diferentes das outras. O temor a respeito dos minas havia aumentado muito com a revolta dos malês de que eu tinha participado, mas a desconfiança maior era com os nagôs e os hauçás. A rua do Valongo reunia o maior número dos "minas" na capital, e o que se dizia — isto é, o que os jornais diziam, segundo Horácio que os lia diariamente — era que no Valongo escravos e libertos negros se reuniam em lugares secretos "para se iniciar em princípios religiosos". A polícia havia organizado "mapas de ajuntamentos de africanos", onde se supunha que eles existissem. Depois de ler alguns jornais que Horácio trouxera de casa, tomei nota do endereço de biroscas e fui passear no Valongo. Numa tasca ao lado de um pequeno teatro tomei refresco e comi pão com açúcar, enquanto puxava conversa com uns e outros. Ninguém sabia de nada de religião por ali, e todo mundo fazia cara de bobo quando eu perguntava, negando terminantemente ser mina e preferindo dizer que era caçange, benguela ou de nação.

Parei numa fonte para beber um pouco de água fresca e me sentei numa pedra, onde fiquei ouvindo o som de um córrego próximo. Um homem com uma túnica branca muito limpa se aproximou e me cumprimentou. Calçava sandálias de pano e trazia na mão algumas contas ligadas por um fio. "As salam alaicum", falou, sem tirar os olhos da fonte. Respondi no mesmo tom de voz: "Uá alaicum salam". A saudação "a paz esteja contigo" era respondida com o cumprimento "contigo esteja a paz". Conversamos em português sem pressa e a meu respeito contei somente o que desejava, não tendo sido interrogado por ele. Mas fiz-lhe algumas perguntas sobre a fé naquele lugar e ele me falou na tarica que se reunia numa das casas próximas e que eu poderia freqüentá-la quando quisesse. Chamava-se Idrissa o homem da túnica branca e que não conseguia esconder o sotaque hauçá que predominava na sua fala. Quando nos veríamos novamente? Três dias depois, no começo da noite, combinei com ele. No dia e na hora marcados estava lá junto da fonte.

Depois de caminhar em silêncio ao longo de cinco quarteirões, paramos defronte de uma fachada caiada de branco, numa rua muito modesta. Idrissa me apresentou a alguns dos homens sentados na sala: Afiba, Fati, Jaja, Cala, seu filho Babu, Soíca, Ifoma e Sule. Falamos por cerca de meia hora sobre nossa experiência como escravos ou libertos, todos mostraram alguma admiração pelo fato de eu me dirigir a cada um deles por seu nome, que já havia memorizado. Dois outros que chegaram depois de mim e eram irmãos, Balena e Iero, pareceram os mais cordiais entre todos e logo de início explicaram que aqueles eram nomes de origem ou escolhidos, não seus nomes no Brasil. No final, combinamos que nosso encontro se repetiria sempre às segundas-feiras por volta de dez horas da noite, porque assim ficava mais fácil para quase todos, e nele cada um falaria das suas dúvidas religiosas e o que estava buscando ali. Voltei para a Misericórdia muito tarde, mas especialmente feliz, por ter reencontrado minha família de sangue e minha família espiritual, depois de uma longa ausência de ambas.

12

A vida na corte
1848/1849

No Rio de Janeiro corriam boatos insistentes sobre a vinda de haitianos procedentes de São Domingos para ensinar aos crioulos como matar os brancos e tomar o poder no Reino. Cabras e pretos forros tinham em casa retratos de Dessalines, escravo da Guiné que havia proclamado a independência do Haiti trinta anos antes. E corriam também rumores de insurreição escrava nas províncias do Rio Grande do Sul, na Bahia e no Rio de Janeiro. A sociedade branca de Salvador nunca mais havia recuperado a confiança nos seus escravos e alforriados, sobretudo os africanos, depois da rebelião dos malês. Meus novos amigos do Valongo faziam perguntas sobre o futuro do homem negro no país e um dia me interrogaram se eu conhecera alguma vez um quilombo. Tive o cuidado de negar, embora dissesse que conhecia muita gente que tinha escapado do recente massacre de Iguaçu. O periódico *Pão de Açúcar* aparecia com freqüência nas nossas reuniões, que ainda não tinham se definido como muçulmanas por cautela dos seus participantes. Era comum então falar na punição de libertos com a perda da alforria "por ingratidão", e os juristas chegavam a dividir os libertos em perfeitos e imperfeitos, chamando estes de condicionais. Os negros nascidos no Brasil eram cidadãos quando alforriados, mas os africanos não eram brasileiros. O grande temor daqueles homens era o de serem punidos com a perda de uma liberdade que haviam conquistado. Os escravos temiam simplesmente os castigos físicos.

Horácio Mendes e eu falávamos com freqüência sobre esses aspectos da libertação dos negros no Império. Ele tinha a formação jurídica que acompanha os estudos de medicina e me explicava tudo com muita paciência. A base dos direitos dos negros entre nós eram as Ordenações Filipinas que, em seu espírito, permitiam sancionar práticas costumeiras em nome "das mais fortes razões da liberdade". Até aquele momento, os resultados daquele debate nos meios jurídico e jornalístico eram de fato restritos, mas não eram nulos. Com o tempo, aquele direito à liberdade emergiria com muita força. Levava esses assuntos na cabeça para discutir com o grupo que eu próprio batizei como os "Amigos do Valongo", que se reunia na rua da Esperança, naquele bairro. Horácio nunca chegou a comparecer às nossas reuniões, mas ele sabia por mim de tudo o que se passava nelas. Na época ele se dizia católico praticante e afirmava que se se casasse um dia teria de ser com mulher da mesma religião, mas eu não o levava a sério nesse instante.

Nas reuniões, aqueles meus irmãos usavam muitas palavras árabes mais para nos aproximar das nossas origens culturais do que por ser aquela a língua sagrada em que o Corão fora escrito. O fato é que não praticávamos o islamismo. Desse modo, um pouco à nossa maneira a prece de agradecimento era o taslim, o encontro semanal era o jumá, o traje preferido era a camisa comum e o casaco, os homens mantinham suas cabeças descobertas. Havia um nicho indicando a direção de Meca, o mirab, e o único banheiro da casa era usado para as abluções, o uadu. Não havia um imã nem um muezim, porque todos convocavam todos, e as diferenças de rito variavam com a origem dos homens ali presentes, impedindo uma uniformização. Falava-se no Ramadã e no seu jejum, e a leitura do Corão deveria ser feita individualmente. Os membros do grupo se cumprimentam uns aos outros pedindo a bênção de Deus para aquele mês: "Ramadã mubarac", e a resposta inevitável era "Ramadã carim".

Idrissa fazia sempre o xaáda, uma introdução que trazia um tema que os demais deveriam respeitar nos seus pronunciamentos. Alguns eram rústicos, mal sabiam dizer duas palavras, mas um deles, Soíca, era poético e até inspirado, citando o Corão de cor em árabe e em português. Várias vezes contei histórias do *Mantic uttair* que sempre me vinham à memória quando a situação pedia, e eles me pediam com insistência para que contasse outras, como se fossem crianças pedindo mais histórias a um avô, até que lhes expliquei que fora de oportunidade aquelas narrativas não queriam dizer nada e perdiam o seu vigor. Um dia em que Cala e Jaja haviam falado nas suas dúvidas religiosas, eles que tinham sido batizados pelos "barbadinhos" e sentiam certa fascinação pelo cristianismo, eu me animei a falar nas minhas preocupações religiosas, se é que podia chamar assim. Como todos me ouvissem em profundo silêncio, tive ânimo de dizer tudo o que pensava. Minha formação era muçulmana porque em Timbo e Tombuctu não havia outra religião e eu nunca pude comparar. Mais tarde no Brasil — não falei na Bahia para não me ligarem à revolta dos malês — conheci de perto outras religiões e vi que no coração delas a mesma coisa pulsava. Era difícil definir o que a ligava à oração do silêncio ou à desconfiança em relação ao dualismo que apregoa a existência do certo e do errado, do bem e do mal em toda parte. Essa coisa que palpita é provocada pela dúvida, não pela certeza, foge da violência e se sente atraída pela tolerância, sabe que a solidão não é sofrimento quando deixamos que ela se aproxime do nosso coração. No centro do Islã é o sufismo que tem esse rosto, e no âmago das outras crenças ele também está. Comparar, escolher e preferir têm parentesco com o medo e a ignorância. Estar quieto sem se esforçar para estar quieto tem parentesco com a sabedoria. Falei solto naquela noite e foi como se não tivesse sido eu que estivesse falando. Sentia-me leve e estranhamente vazio, desprovido de emoções e de lembranças, mas não esquecido da vida real. Quando terminei, a sala permaneceu em silêncio por uns minutos, até que Idrissa falou: "Hoje já comemos o pão que mata a fome do espírito. Agora vamos nos separar".

Meu trabalho na Santa Casa da Misericórdia me proporcionava maior satisfação a cada dia que passava. Alguns dos pacientes eram vítimas de charlatães e eram esses que me causavam mais pena e com quem eu me inclinava ter mais cuidados. Preparados feitos em casa, "garrafadas" e "simpatias" eram a causa de graves distúrbios e mesmo de mortes, principalmente entre pessoas de idade avançada. Perguntados por que beberam tais misturas, respondiam que elas eram indicadas para sangue impuro, maus humores e "quedas" de órgãos e vísceras. Naqueles preparados entravam purgativos fortíssimos, que produziam diarréias perigosas e demoradas. Outros doentes, já em recuperação, pediam purgativos porque seu intestino nunca tivera oleosidade natural ao longo de toda sua vida. Propus a um oficial da Guarda Nacional, que sofrera uma hemorragia no estômago, que mudasse por três meses sua alimentação, experimentando comer pães de farinhas brutas e certas folhas meio ásperas, depois de bem mastigadas. Combinamos que ele faria isso depois de ter alta e não consultaria nenhum médico a respeito.

Dois meses depois ele me procurou para contar o excelente resultado da dieta, o abandono dos purgantes e sua decisão de adicionar para sempre aqueles produtos que lhe prescrevi à sua comida diária. Um veterinário muito conhecido na cidade, de quem não lembro o nome, sofreu uma ligadura da aorta abdominal e quase morreu na operação. Na sua convalescença, tivemos oportunidade de conversar longamente, quando ele me disse que na infância comeu a mesma comida dos porcos, na fazenda em que foi criado, e que isso lhe fez sempre bem. Dizia isso por graça, mas eu insisti com ele que a farinha bruta misturada na água ou no leite devia ser tomada sempre para o bem dos intestinos. Disse-lhe que não sabia explicar, que conhecia muitos remédios porque "sentia" seu efeito. Ele me perguntou então se eu sabia de alguma coisa boa para asma, porque essa afecção respiratória o atormentava muito, principalmente no inverno. Descrevi para ele a folha do mal me quer do campo, também chamado grindélia, que na forma de infusão tomada três vezes ao dia curava qualquer ataque de asma. Depois da alta não o vi por mais de dois anos, até que uma tarde apareceu no meu plantão somente para dizer que ele e o filho haviam ficado bons da asma com as ervas que receitara. Durante algum tempo me perguntei se estaria agindo corretamente com Horácio Mendes, ao dar essas receitas que ele possivelmente não aprovaria. Mas tinha certeza de que essa medicação era compatível com qualquer outra. Recomendei muito maracujá para dor de cabeça e vontade de chorar, muita valeriana para falta de sono, muita semente de aipo para a gota, calêndula para hemorróidas, menta para estados gripais e corniso para neuralgia. Para a melancolia que se segue aos partos, às cirurgias e até aos desenganos, recomendava verbena, aveia e chá da folha do cacaueiro. Uma enfermeira da Santa Casa que eu já tinha ouvido alguém chamar de Iracema, uma vez me surpreendeu medicando um paciente muito velho com uma solução fraca de pimenta-da-jamaica para a falta de ânimo e do apetite comum na velhice, e me puxou para um canto para dizer que eu estava correndo o risco de ser expulso da Misericórdia por isso. Respondi que sabia desse risco mas que não podia deixar de ajudar, quanto mais que pouco acreditava na "outra" medicina. Ela disse que estava falando como minha amiga e se afastou. Uma semana depois, ela se aproximou quando eu almoçava na varanda dos fundos que dava para o Morro do Castelo a fim de me pedir um remédio para uma dor de cabeça fraca e persistente. "É para você?", perguntei. Ela sorriu: "Isso importa?". Respondi que importava muito porque cada pessoa tinha um tipo individual de doença e deveria usar um tipo especial de remédio, por mais que isso parecesse estranho. Era para ela mesma, confirmou. Recomendei então que fizesse uma infusão com sementes de aipo e soube dias depois, com grande interesse, que ela estava bem melhor depois de ter tomado a medicação.

Um dia em que Horácio me chamou para jantarmos no "Nunes", um restaurante da rua dos Andradas sobre o qual eu lhe pedira informações uma vez — pois nunca tinha entrado antes num bom restaurante —, contei-lhe tudo sobre minhas recomendações farmacológicas. Ao contrário do que esperava, meu amigo riu um pouco e afinal me perguntou onde havia aprendido tanto sobre aquelas ervas todas. Disse-lhe que não havia aprendido nada, que tinha visto, isto sim, homens e animais comendo ou bebendo aqueles vegetais e que gravara na memória algumas recomendações. Mas já havia esquecido de muita coisa, embora tivesse aprendido na Bahia o nome português ou popular brasileiro das ervas. Segundo Horácio, algumas podiam ser perigosas, mas ele acreditava antes de tudo no meu instinto. Depois dessa conversa não me preocupei mais em receitar em voz baixa na Misericórdia, como quem conta um segredo. E Horácio me emprestou um livro que li todo, mas do qual aproveitei pouca coisa. Era um velho livro editado na Inglaterra, todo ele em latim: *Theatrum Botanicum*, de John Parkinson. Lembro que no final daquele jantar Horácio e eu concordamos que o mais perigoso para a saúde na cidade não era a comida que as pessoas compravam, mas a falta de limpeza em toda parte, inclusive a quase absoluta falta de esgotos num lugar onde vivia tanta gente.

Soube por Horácio que o barão de Mauá estava preparando num lugar chamado Ponta da Areia um imenso estaleiro onde pretendia construir os primeiros navios feitos no Brasil. Sempre tivera muita curiosidade a respeito da arte de fazer barcos e ainda criança havia aprendido a fazer canoas e jangadas de diferentes tipos. Mas não consegui no momento mais informações a respeito daquele barão engenhoso e durante um tempo me esqueci dele. As reuniões do grupo do valongo assumiam para mim importância crescente porque os depoimentos e as opiniões que eu ouvia dos outros membros fermentavam questões no meu espírito que, depois de passar pelas minhas experiências, eu devolvia aos companheiros de um modo mais elaborado. Costumava andar até o Valongo, nos dias das reuniões, e pelo caminho de ida, assim como na volta, minha concentração nos temas que abordávamos era absoluta. Dúvidas sobre a fé, a pobreza, a escravidão, a violência, diferenças e semelhanças entre o negro e o branco, coragem e covardia, cansaço físico e melancolia eram os assuntos que mais nos tocavam.

Idrissa era um verdadeiro líder — paciente mas enérgico quando precisava, interessado nos demais e muito atento. Sentia e pensava como eu em matéria religiosa, e um com o outro não tínhamos quase o que falar porque concordávamos em tudo e quase adivinhávamos o que ia nas respectivas cabeças. Às vezes ele me olhava com um sorriso de simpatia quando eu começava uma frase, porque era exatamente aquilo que ia dizer. Babu e Afiba eram difíceis no trato, por seu orgulho e rebeldia pessoal, inclinados a discordar antes de entender o que se discutia. Sule tinha uma incurável desconfiança de si mesmo e no fundo achava que ser escravo era uma prova da sua inferioridade em relação ao escravizador.

"O europeu e seus descendentes neste país dispõem do ouro, das armas, dos navios e da propriedade em geral", dizia Idrissa no seu modo vagaroso, "não porque tenham vencido uma competição em pé de igualdade com os africanos e os indígenas, mas porque quando encontraram esses povos seu grau de desenvolvimento era diferente, e isso lhes assegurava sua dominação dos demais."

Esse seria o tema daquela noite, e foi preciso mexer nele como se debulha o milho. Na reunião seguinte eu mesmo falei a esse respeito, e assim seguiam nossos encontros. Sobre a existência do grupo, Idrissa e eu recomendamos um certo segredo a todos para evitar que alguém pensasse numa "conspiração malê" ou coisa semelhante.

Minha vida seguia bastante pacífica, exceto por um incidente ou outro inevitável numa cidade da qual a polícia e as autoridades se retiravam completamente depois de certa hora da noite. Uma vez em que voltava caminhando pela rua da Vala, já bem tarde, deparei com um bando de cinco ou seis capoeiras e malandrins sentados em caixotes, na altura dos Arcos da Carioca, um deles tocando uma viola desafinada. Passei a seu lado e fiz um cumprimento com a cabeça, antes que o mais alto deles me segurasse pelo braço. Perguntou se eu não sabia que tinha de pagar imposto para passar por ali àquela hora, e eu lhe respondi que não trazia dinheiro comigo. Dois outros se aproximaram e o mesmo sujeito me disse então que eu teria de pagar dançando um pouco ao som da viola. Sorri, tentei me desviar, mas eles me cercaram. A mim só me ocorreu comentar: "Mas a viola nem está tocando...". Eles se entreolharam um pouco admirados, mas antes que pudessem responder alguma coisa eu já havia acertado um deles no pescoço com a mão em concha, enquanto golpeava outro entre as pernas com meu pé. Tirei a navalha que havia surgido na mão do violeiro com um pontapé no cotovelo, e a partir daí eles começaram a correr em direções diferentes. Somente o mulato alto que me abordou insistia, vindo então com uma faca na minha direção. Depois que golpeei seu rosto e seu peito imaginando que minhas mãos eram marretas, ele sossegou.

    Quando se sentou na calçada e me olhou com temor, vi que seus olhos e a boca estavam ensangüentados, e senti uma grande compaixão por ele. Agora, estávamos os dois sozinhos, e quando o ajudei a se levantar disse-lhe que era bom que fôssemos até a Santa Casa, porque se não fossem tratados aqueles ferimentos podiam deixar marcas para sempre. Fomos em silêncio até o Passeio, ele arrastando os pés como se estivesse tonto, e eu fingindo que não o observava, para que não se sentisse humilhado. Quase chegando combinei que não contaríamos a verdade ao pessoal da escala na Misericórdia. Os corredores estavam desertos e um homem dormia sobre os braços na entrada. Levei o capoeira até a enfermaria e fiz eu mesmo os curativos nele. Quando o acompanhei até a porta ele agradeceu e me pediu perdão. Disse que se chamava Osvaldo e fazia ponto no lugar onde nos encontramos e que eu poderia dispor dele quando quisesse. Não disse para que, nem eu perguntei.

    Olufeme havia engordado um pouco, nesse tempo em que estivemos separados, mas isso era normal nas mulheres do oeste africano, na idade em que ela estava. Como sempre, sentíamos amor e respeito um pelo outro, mas não tínhamos muito o que conversar. Ela era a companheira tradicional dos fulas, dos hauçás, dos songai e até dos tuaregues que conheci na minha juventude, ao longo do Níger. Na minha ausência deve ter agido como a viúva tradicional daqueles povos, e agora que nos encontrávamos era de novo a companheira. Nossa família era outra vez o navio de que eu era o comandante, ela, o imediato e os meninos, a tripulação. Tiago era ainda muito pequenino, mas já revelava uma natureza mansa e afetuosa. Sentia imensa saudade de Amália, filha do Souza, o senhor de Olufeme quando a reencontrei, chorando em silêncio boa parte da noite por não tê-la por perto. E o pai da menina havia proibido que ela nos visitasse, porque não esquecia do prejuízo que tivera comprando uma escrava já alforriada. Fasaha mostrava agora um temperamento inquieto, desinteressado em ouvir o que o mundo tinha para dizer-lhe, e francamente desde muito cedo imaginou saber tudo. Descobrimos que aos treze anos já fumava escondido num canto do quintal, e desde cedo pareceu muito interessado em mulheres, de preferência as mais acessíveis.

Foi naquela época que tive um sonho que, mesmo se não houvesse registrado nos meus cadernos, jamais teria esquecido. Na verdade, foi mais uma evocação do que um sonho. Um dia quase perdido no passado voltou por inteiro no meio da madrugada, e somente quando me sentei no leito um tanto assustado ele se fixou no meu espírito. Era na sala de jantar da casa dos Lewis, em Salvador, um ano e pouco antes da rebelião dos malês que me fez fugir de lá. O calor que fazia era assombroso, porque as portas e janelas haviam sido cuidadosamente fechadas por causa da vizinhança e de quem passasse na rua. Lembrei dessas ocasiões, e essa lembrança se repetiu no sonho, porque a Bahia era o lugar do mundo onde mais se tem curiosidade com a vida alheia e às vezes, que me perdoem os baianos que eu sempre amei muito, vivem ali os mais refinados mestres da denúncia e da delação, coisa que contagiou até a nossa gente, como a Guilhermina, amásia do Sule, que quando ouvida na polícia contou tudo ao juiz de paz sobre aquele encontro na casa dos Lewis e deu o nome dos rebelados. Na madrugada, quando quase todos já tinham saído, um inspetor de quarteirão apareceu na casa dos Lewis seguido de uma patrulha e prendeu Tomás e dois negros que com ele conversavam no portão dos fundos. Só para averiguações, segundo disseram, porque haviam estranhado o entra-e-sai de gente quado se sabia que os ingleses donos da casa estavam viajando.

    Naquela noite memorável começara a nascer a conspiração que levaria à revolta dos malês um ano depois. Pois agora, onze anos passados da festa, eu voltava a ver em sonho a gente toda conhecida, e a sentir os cheiros da Bahia e sobretudo o modo de falar. Primeiro sonhei estar passando sob os Arcos de Santa Bárbara na frente do Hotel das Nações, nos cantos do Mercado e da rua do Comércio e ao lado dos Cobertos Grandes. Estávamos todos nós vestidos de branco no meu sonho. O nagô Luís Sanin, querido amigo, imponente e muito belo no seu traje — na sua armadura, por que não? — inteiramente branco, me abraçando e falando sussurrado, como quem conspira, ao meu ouvido. Dizia que então tinha certeza da traição de Firmino — coitado —, que iria lá naquela noite e eu poderia ver os sinais da traição na sua cara. Gaspar da Silva está agora ao meu lado e ouve tudo tomando seu refresco de caju num copo de cristal de mr. Lewis. "Would you excuse us for that, sir?", pensei, olhando em torno e vendo tantos negros espalhados pela sala, felizes, inteligentes e amistosos, mas pobremente vestidos, eles que nunca puderam ter nada. Naquela noite do meu sonho fazia tanto calor quanto na noite sonhada de Salvador. Era preciso falar baixo para que nossas vozes não chegassem até a casa vizinha de Robeliard, outro inglês generoso que dispensara seus escravos naquela noite, "por motivos religiosos".

    Agora fazia o caminho de volta para casa, pela rua do Colégio, andando pelo meio da rua para pisar nas pedras-moleque como gostava de fazer. Não era nem preciso viajar, quando se podia sonhar. Salvador estava ali aos meus pés e eu seguia para casa, depois do jantar do Lailat Al-Miraj do final do Ramadã, em novembro daquele ano. E meu coração ia para o negro mais importante da Salvador do Profeta, nosso irmão, nosso imã e verdadeiro chefe, Pacífico Licutã, atlético no seu abadá imaculado, silencioso ao lado de Adi Luís Doplê, que falava nas revoltas dos anos anteriores e na beleza da nossa volta para a África nos navios dos portugueses que iríamos tomar para nós muito em breve. Andava pisando nas pedras-moleque enquanto pensava e via, ao mesmo tempo, o nagô Ajahi que recebeu o nome cristão de Jorge Barbosa e nunca se esqueceu de que eu mesmo, Adriano Miller por batismo, era antes de tudo Ibrahima, apelidado de Muçá, e isso era o bastante.

"Quem vai entrar nessa briga dos hauçás e dos nagôs contra os brancos dos dois lados do oceano?", perguntava Doplê com sua voz poderosa.

"Todos os negros religiosos, todos os negros livres de coração", respondia Licutã, como se fosse uma ladainha, olhando sobre as cabeças e não encarando ninguém em particular.

Pensei no mestre Sidi el Becaie, que em boa hora fui obrigado a decorar nos dias felizes da escola de Tombuctu: "O homem perfeito não ensaia as palavras, mas elas brotam da sua garganta com a naturalidade da água que mina da terra. A árvore se conhece pelos frutos. A verdade que precisa ser embelezada por palavras não é a verdade". Agora, no meu sonho da festa do Lailat al-Miraj, tudo se repetia com minúcia. O recitativo de Becaie havia sido lembrado por mim quando ouvi o "catecismo" de Doplê e Licutã, no salão dos Lewis onde ninguém bebia vinho e todos se comportavam como se estivessem numa mesquita. As parábolas eram necessárias, e as sunas precisavam ser bem elaboradas.

"O que querem os nagôs e os hauçás?", ressoava a pergunta.

"Querem ser homens livres, e eles só podem ser livres na África", soava a resposta.

"Qual é o caminho para a liberdade na África?"

"É a morte do branco, do soldado e do homem poderoso. É a tomada dos navios grandes e a volta à pátria", fazia o coro, acompanhando o vozeirão de Licutã.

"Nós podemos fazer isso?", interrogava Doplê com voz pausada.

"Somente nós, com a ajuda de Deus, podemos fazer isso", era a resposta.

A melodia daquele diálogo gritado nunca mais havia saído da minha alma. Mais tarde, no Taboão, no canto da Ladeira do Largo da Vitória, no casario de escravos da Ladeira da Praça e na Baixa dos Sapateiros, iriam dizer que o Califado Baiano havia nascido naquela noite, que foi de fato e uma vez mais a Noite da Glória. E tudo isso me voltava em sonho, visível como uma paisagem em dia claro, e me dava muito prazer e energia para viver. Não sei se evocando aquele dia no estado em que estava, entre acordado e adormecido, eu adicionaria alguma coisa às lembranças. Mas isso então importava pouco.

Nas folgas do trabalho na Misericórdia, entre os encontros semanais no Valongo e os jantares também semanais com Horácio, eu lia muito. A Santa Casa tinha uma biblioteca bem-arrumada que não emprestava livros, mas punha todos os que possuía à disposição do público, no seu horário de expediente. Ao fim de algum tempo eu consegui que me permitissem levar um volume por vez para o alojamento, a fim de ler até vir o sono numa pequena mesa iluminada por uma lâmpada de querosene que instalei em casa. Além do *Jornal do Commercio* e do *Diário do Rio de Janeiro* da véspera que eu pegava todas as noites na mesa de Horácio, tinha sempre me esperando no meu canto de leitura em casa um ou outro livro da biblioteca. Lembro-me bem de *O fenômeno ou sermão*, do reverendo Botelhas; *Luz e calor* do padre Manoel Bernardes; *Meditações dos atributos divinos*, do padre Surin; *Obras espirituais* de frei Antonio das Chagas; *Panegíricos de São Francisco Xavier*, *Éléments d'agriculture*, de Duhamel de Monceau, e *Observações sobre a prosperidade do Estado*, de José da Silva Lisboa, de que já tinha lido trechos na casa de Malasartes, na Bahia. Tinha interesse especial pela obra saída dos prelos da Impressão Régia, *Novo ensaio sobre a arte de formular*, de Alibert, que tratava de alguns produtos com raízes e tinturas que eu conhecia de longo tempo e usava para medicar as pessoas cujo sofrimento inspirava compaixão e a mim mesmo, naturalmente. Alibert definia a arte de formular como "a combinação de propriedades de substâncias medicamentosas para aumentar e temperar os efeitos". É a alma da matéria médica, e como tal me parecia de infinita importância. Além disso, Alibert acreditava como eu que não havia qualquer separação entre as emoções, o medo e a cobiça humana e as enfermidades que levam alguém ao leito e depois à morte. "Há muitas doenças para as quais o melhor remédio é não fazer nada", escreve ele. Água, repouso, respiração profunda e lenta. Pela minha mesa andou, também, a *Prática judicial*, de Vauquerre; o *Fascículo jurídico*, de Lobão; o *De libelis*, de Caminha, e o *Manual do tabelião*, um repertório de documentação usada nos tribunais.

Sentia uma curiosidade imensa pelas soluções que aquela sociedade em que eu vivia havia encontrado para diminuir os seus conflitos. Muitas vezes meu interesse se desvanecia diante de um sono invencível, e eu dormia sobre os braços na mesinha do quarto, e Olufeme vinha me acordar, com a suavidade habitual, para que eu fosse para a nossa cama. Nosso alojamento na Misericórdia era composto de dois aposentos e de uma saleta, com três janelas gradeadas dando para o morro todo plantado de bananeiras do fundo. Uma cama de casal, duas camas de solteiro que os meninos ocupavam, um baú, dois bancos, duas cadeiras, um canapé, a mesinha onde eu lia, um mocho, papeleira e uma velha poltrona coberta por um guarda-pó amarelo. Havia um prato e um jarro de louça onde lavávamos o rosto e as mãos, buscando água no poço do parque interno do hospital. Quando Tiago teve uma febre prolongada, dei a ele chá de jaborandi cinco dias sucessivos, medicação que reforcei com mentrasto. Horácio, que havia receitado apenas repouso porque imaginava que se tratava de uma gripe, imaginou que eu havia dado outra medicação ao menino e quis saber qual fora. Disse os nomes e dois dias depois ele me chamou para uma conversa na sua sala. Queria saber se eu tinha consciência de estar arriscando quando receitava ervas e também como guardava na memória tantos nomes e sua respectiva indicação. Aí ele me fez o que chamou de "sabatina", mencionando sintomas e me pedindo a medicação. Dizia "febre e catarro", e eu respondia "fumo bravo". Ele voltava: "contusão ou abscesso interno", e eu disparava: "cipó-de-chumbo". Sorria e me apontava o indicador: "hidropsia, barriga-d'água", e eu: "caninana". E insistia: "dores fortes nas articulações", e eu retrucava, já agora rindo: "catinga-de-mulata". Era o nome popular da erva ou seu amigo estava inventando? "Procure descobrir, doutor...", eu respondia. A partir daí Horácio Mendes já não me pedia mais que o pusesse a par do que estava receitando por minha conta aos pacientes do hospital. Ao contrário, ele às vezes me procurava para se socorrer no tratamento de algum mal que resistia aos seus remédios de laboratório.

Uma noite atendi um negro ferido por um golpe de baioneta que segundo ele fora desferido por um desconhecido no Largo do Rocio. Desde o primeiro instante me pareceu reconhecê-lo, mas não me recordava de onde. Somente horas depois de ter ido embora é que me lembrei de quem se tratava: era Henrique, o latagão mineiro que havia assassinado o minerador Felipe Nagô para roubar, em Diamantina, tempos atrás. Fiquei pensando se o teria matado, se tivesse me ocorrido quem era, enquanto estava na Santa Casa aos meus cuidados, e concluí que não, que teria preferido fingir que não me lembrava quem ele era. E ele por acaso me reconhecera? Recordei seus gestos, seu olhar, e não me pareceu que ele tivesse me identificado como o amigo da velha Bernardina e quase testemunha do seu crime. A idéia de que Henrique tinha assassinado Felipe Nagô em vão, não encontrando em sua casa os diamantes e as pepitas que procurava, era consoladora pelo que continha de decepção para o assassino, mas a violência daquela morte ainda me doía no coração. Se tornasse a encontrar Henrique e fosse numa viela escura perto do cais Pharoux — gostava de imaginar —, poderia arrancar-lhe talvez uma orelha para vingar o velho Nagô.

Cerca de dois anos depois do meu reencontro com Olufeme e meu menino mais velho, começamos os dois a fazer planos para construir uma casa. Nossos recursos eram e foram sempre os diamantes e as pepitas que trouxera da lavra de Diamantina e que ainda chamávamos de "fazendinha", já nem me lembrava mais por quê. Guardava o pequeno tesouro em três saquinhos de couro que escondia em casa em lugares que somente eu e

Olufeme sabíamos. Laranjeiras era o bairro da nossa predileção, pelas flores e árvores que cresciam naquele vale banhado pelo rio Carioca. A iluminação da cidade deixava, aos poucos, de ser feita com os fracos lampiões de azeite, e a instalação do sistema de gás que começara na rua do Aterrado havia se espalhado pelas ruas da Misericórdia, da Direita e da Alfândega. Olufeme não se importava de perder esse conforto de que todo mundo falava e queria morar onde se pudesse ter uma horta e um pomar, e se não fosse pedir muito ter um riacho correndo nos fundos da casa. De minha parte, concordava com ela. O alojamento da Misericórdia me parecia próximo demais das infecções comuns num hospital, e com freqüência durante a noite ouvíamos gritos e gemidos dos pacientes, o que assustava minha mulher e Tiago, ainda muito pequeno. Um bairro onde não houvesse malandrins, ela dizia, podia ser perfeito. De vez em quando falava na Glória, em Laranjeiras ou mesmo na Gamboa, lugares mais tranqüilos que o largo do Paço, a Misericórdia e a rua Direita, com seus desocupados e suas seges com seus cocheiros atrevidos e apressados. Num domingo fomos passear nas Laranjeiras e vimos um grande terreno numa rua pequena que nos agradou muito.

No dia seguinte procurei o dono dos lotes, um português com escritório na rua de Santana. Como esperava, ele não acreditou que um negro pudesse estar honestamente interessado em comprar um terreno como o dele. Tive de me aquietar interiormente, afirmando que lhe pagaria em dinheiro no ato da assinatura do contrato, e dei o nome de Horácio Mendes como meu garantidor. Voltamos duas vezes a Laranjeiras para rever o lugar, a rua e o bairro e ter certeza de que estávamos fazendo um bom negócio. Acertado o preço, pedi a Horácio que mandasse vender como se fossem suas algumas pepitas de ouro e três diamantes, para evitar desconfianças do ourives, e guardei o dinheiro sob o colchão até o dia da assinatura do contrato no tabelião. Uma semana depois da compra fomos até lá novamente com os meninos, e eles andaram livremente pelo lugar, pisando a "sua" terra. Na volta, enquanto observava os burros suarem puxando o bonde, pensava no quanto era mais importante para o comum dos homens ter do que ser, e isso desde o berço. Como o Malasartes dizia, era "o pecado original". Mas era também, como o *Mantic uttair* nos fazia pensar quando mostrava o corvo falando à andorinha, o fato de o ninho ser belo e bom porque era "dela", não porque fosse mais bonito e melhor que todos os outros ninhos de andorinha da floresta.

Os encanamentos e os lampiões de ferro do sistema de iluminação a gás que encantava a cidade eram fabricados na companhia de Ponta de Areia, em Niterói, cujo dono era Irineu Evangelista de Souza. Certa manhã de domingo, soubemos que o imperador havia navegado na baía a bordo do "Pedro II", construído naquele estaleiro que já produzia muita coisa para a Marinha. Procurei me inteirar a respeito dessa extraordinária novidade que enchia a boca de pessoas que eu respeitava, inclusive Horácio Mendes. Quando uma epidemia de febre amarela matou grande parte dos engenheiros e mecânicos europeus, além dos operários que Evangelista de Souza havia contratado, pensei em me oferecer para trabalhar em Ponta de Areia. Passei uma hora conversando com funcionários do escritório da companhia na rua da Quitanda e concluí que poderia dedicar menos tempo à enfermaria da Misericórdia para passar quatro dias da semana no estaleiro do outro lado da baía.

Eram quatrocentos operários divididos em cinco oficinas: fundição de ferro, fundição de bronze, construção naval, acessórios e caldeiraria. Uma parte muito pequena dos trabalhadores era constituída de escravos, mas eles eram especializados. Um terço do total eram brasileiros livres e o restante eram portugueses, espanhóis, ingleses, alemães, belgas e austríacos. Aprendi tudo o que ainda não sabia sobre construção naval, e era muito. Na época, o conde de Caxias, que recebera o comando das tropas brasileiras na província do Rio Grande do Sul, havia pedido ao imperador vapores leves que pudessem transportar com rapidez tropas de uma margem para outra dos grandes rios da região, e o governo fizera a encomenda a Irineu Evangelista de Souza. Ponta de Areia fabricava também canhões e adaptava vapores civis para uso militar. Nos alojamentos dos operários havia mais conforto do que eu podia esperar, com um grande pavilhão de banhos junto a um rio e um refeitório na parte alta da construção. Ganhava pouco ali, mas lidava com um trabalho que me havia fascinado desde menino e de que agora aprendia os modernos aperfeiçoamentos. Olufeme achava certo tudo o que eu fazia e passar quatro dias da semana em Ponta de Areia não a incomodava. Além de todo seu trabalho habitual e do cuidado com os meninos, ela vigiava a construção da nossa casa em Laranjeiras.

A grande rua do lugar tinha então muito de estrada e acompanhava na verdade o curso do rio Carioca ou das Caboclas. Era um bairro de chácaras, algumas pequeninas, outras bastante ricas, e suas verduras e laranjas eram levadas para o centro por carros de boi ou carroças, e era impossível descer para a velha ponte do Catete, rumo da praia onde desembocava o rio, sem que se encontrassem vários deles pelo caminho. Nossa casa foi construída muito lentamente, e somente nos alicerces ela ficou por dois anos. O terreno tinha uma pequena elevação, de modo que das suas janelas seria possível ver a copa do arvoredo de quase todo o bairro, e ao mesmo tempo as altas montanhas em redor, inclusive o Corcovado, que parecia um monge curvado numa genuflexão. Olufeme, os meninos e eu ficávamos imaginando o que veríamos das nossas janelas, conforme elas fossem mais altas ou mais baixas, quando a casa estivesse pronta. Nos domingos íamos até lá em seges que eu alugava e que ficavam nos esperando um pouco mais abaixo, na rua das Laranjeiras, porque próximo ao terreno o acesso era difícil por causa dos sulcos na lama endurecida. Os encontros com Horácio Mendes tornaram-se mais raros com o trabalho em Ponta de Areia. Quando nos falávamos, ele me fazia perguntas sobre meu patrão Irineu, que gozava de muita fama no Rio de Janeiro, onde se dizia que era homem inteligentíssimo. A verdade é que eu o vira uma única vez e nem ouvira sua voz, de modo que não tinha qualquer opinião a seu respeito. Mas com Horácio, o que mais ocupava nossas conversas ultimamente era o islamismo, a velha fé da minha infância que com o correr do tempo e um modo peculiar tinha se modificado devagar no meu coração.

No Valongo, meus irmãos pelo coração me pediam para falar sobre esse e aquele tema, e como procurasse dizer sempre o que me parecia a verdade, pesava e ouvia aquela voz interior de que fala o Corão e a que nenhum homem pode fechar os ouvidos. Lembrava um comentário do Malasartes, na Bahia, concordando comigo que ensinar e aprender era uma coisa só: "Quando me dizem que é ensinando que se aprende, eu respondo que é aprendendo que se ensina". Horácio sabia do que eu estava falando e nas nossas demoradas conversas contava suas experiências nesse caminho infinito. Um dia, diante do retrato a óleo do primeiro provedor da Santa Casa, o eclesiástico Bartolomeu Simões Pereira, meu amigo disse da sua dúvida a respeito da caridade que se manifesta em obras de assistência. Por que atenuar os sofrimentos físicos de alguém, quando ele pode ser sua purgação espiritual? Lembrei a Horácio que o sofrimento cegava e embrutecia, tornando a alma pesada e insensível. O inferno não era um lugar de sofrimento, mas o próprio sofrimento e o desespero que ele desencadeava, estivesse onde estivesse o sofredor. Voltamos ao assunto várias vezes depois.

Horácio era solteiro e não pensava em se casar. Tinha uma amiga, uma dançarina de fandangos, que o visitava uma vez por semana e à qual ele dava alguns presentes. Dolores era uma espanhola de belos cabelos negros encaracolados, que ele nunca me apresentou por falta de oportunidade, segundo dizia. Quando ela apareceu morta no pequeno sobrado onde morava, Horácio pagou um policial para que descobrisse o culpado, mas tudo o que soube foi que o suspeito — um vagabundo ainda muito jovem que Dolores sustentava — havia fugido da cidade sem deixar qualquer indício do rumo que havia tomado. Meu amigo padeceu terríveis dores de cabeça durante uma semana, mas assim mesmo ia trabalhar. Depois se esqueceu da Dolores para sempre.

Quanto a mim, andava pela cidade quando dispunha de tempo, com uma alegria tão grande que não podia explicar e às vezes me fazia pensar que estava enlouquecendo. É verdade que jamais acreditei nisso, porque sabia perfeitamente que era mais a ausência de toda inquietação que me deixava tão de bem com a vida e tão encantado com o mundo. Não falava nisso nas reuniões do Valongo, mas meus amigos adivinhavam meu estado interior, se podia dizer assim. Era um espantoso vazio, mas não o nada do sono profundo quando o corpo está cansado, era um vazio de mocidade espiritual, alguma coisa que se renovava em mim a todo instante. Um dia Olufeme ficou parada um momento na porta da sala, com uma sopeira nas mãos e com um meio sorriso nos lábios bonitos.

"O que está acontecendo com você, meu filho?", falou e foi chegando. Olhei para ela com surpresa e sorri também. "Sobre o que está falando?", perguntei. Olufeme gostava de esperar, antes de responder qualquer coisa. As folhas do cajueiro balançavam na brisa, diante da janela, algumas amarelas, outras verdes. "De onde vem toda esta felicidade?", insistiu ela, mostrando uma fileira de dentes muito brancos. Ficamos em silêncio algum tempo, sem pressa de falar. O tempo havia parado na pequena sala, e tudo parecia vivo com suas cores e formas diferentes. Que maravilha e que milagre estar vivo naquele instante e naquele lugar. Ficamos de mãos dadas, Olufeme e eu, espantados com tanta paz e silêncio, em meio às coisas mais comuns da nossa vida de todos os dias.

Aqui há uma interrupção nos diários de Adriano "Muçá", porque quatro ou cinco cadernos em que ele anotava sua vida desapareceram, provavelmente em Taubaté onde ficaram guardados muito tempo e mudaram de lugar algumas vezes. As anotações continuam cerca de catorze anos depois e serão publicadas em breve sob o título Um gato aprende a morrer.

Luiz Carlos Lisboa
e as
"Memórias de um gato"

Advogado, publicitário, servidor público e jornalista, colaborou com importantes órgãos de imprensa no Rio de Janeiro e em São Paulo. O tempo se encarregou de reduzir tudo isso a distantes e às vezes agradáveis memórias, deixando inapagado aquilo que é talvez do domínio da genética, como a cor dos olhos, uma lenta perda de cabelos e a paixão indisciplinada mas irredutível da literatura e da filosofia. Os quase vinte livros que escreveu abrangem contos, ensaios, uma biografia, alguns guias de leitura e artigos publicados na imprensa ao longo de três décadas.

No campo infinitamente desdobrável da história humana, Lisboa muitas vezes se fixou, em suas leituras, na longa sombra que o egoísmo e a brutalidade projetaram na história brasileira. E no estudo da desabusada exploração de homens de uma certa etnia por homens de outra — uma deformação coletiva secular chamada escravidão — pareceu-lhe faltar nesse terrível episódio o testemunho da grandeza moral e intelectual, da sabedoria e da inspiração transcendentes de outros grandes perseguidos e explorados mundo afora. Não eram os fatos que escasseavam, eram a sua busca e sua interpretação correta.

Há lacunas enormes na crônica da escravidão sobre as fontes de energia que permitiram a um povo ser seqüestrado, arrastado para longe de sua paisagem e de suas tradições, e ver-se transformado em besta de carga, sem ser assaltado pela loucura ou deixar-se entregar à morte. A realidade histórica está escondida na lavra como o diamante, mas faltaram e continuam faltando a pesquisa e seu aprofundamento, em busca dos tesouros religiosos, psicológicos, míticos e cívicos desses povos africanos que foram desenraizados e espoliados pelo egoísmo colonizador. É exatamente essa mina, tão abundante, rica e variada, que é explorada pelas *Memórias de um gato*.

A diversidade humana é um presente da vida. A população negra é uma presença particular. A cultura editorial tornou-a invisível ou restrita como imagem e assunto. O conceito que orienta as nossas publicações quer reinventar esse espaço negro, mantendo na ficção e não-ficção as etnicidades negras como ponto de referência. A Selo Negro Edições, ao mesmo tempo que amplia repertórios, alinha um segmento e evidencia sua singularidade para os títulos em educação, psicologia, filosofia, comunicações, literatura, obras de referência etc. Procura cruzar, através das múltiplas áreas disponíveis, temas que apontem particularidades dessa história coletiva. Dirigidos a toda a sociedade brasileira, os títulos de autores nacionais dialogam com textos de diferentes pontos do planeta nessa iniciativa.

A Selo Negro Edições apresenta-se como mensageira dessa produção!

Bem-vindos ao nosso universo editorial!

------------ dobre aqui ·------------

ISR 40-2146/83
UP AC CENTRAL
DR/São Paulo

CARTA RESPOSTA
NÃO É NECESSÁRIO SELAR

O selo será pago por

summus editorial

05999-999 São Paulo-SP

------------ dobre aqui ------------

CADASTRO PARA MALA-DIRETA

Recorte ou reproduza esta ficha de cadastro, envie completamente preenchida por correio ou fax, e receba informações atualizadas sobre nossos livros.

Nome: _____ Empresa: _____
Endereço: ☐ Res. ☐ Coml. _____ Bairro: _____
CEP: _____ - _____ Cidade: _____ Estado: _____ Tel.: ( ) _____
Fax: ( ) _____ E-mail: _____ Data de nascimento: _____
Profissão: _____ Professor? ☐ Sim ☐ Não Disciplina: _____
Grupo étnico principal: _____

1. Você compra livros:
☐ Livrarias ☐ Feiras
☐ Telefone ☐ Correios
☐ Internet ☐ Outros. Especificar: _____

2. Onde você comprou este livro? _____

3. Você busca informações para adquirir livros:
☐ Jornais ☐ Amigos
☐ Revistas ☐ Internet
☐ Professores ☐ Outros. Especificar: _____

4. Áreas de interesse:
☐ Auto-ajuda ☐ Espiritualidade
☐ Ciências Sociais ☐ Literatura
☐ Comportamento ☐ Obras de referência
☐ Educação ☐ Temas africanos

5. Nestas áreas, alguma sugestão para novos títulos? _____

6. Gostaria de receber o catálogo da editora? ☐ Sim ☐ Não

Indique um amigo que gostaria de receber a nossa mala-direta

Nome: _____ Empresa: _____
Endereço: ☐ Res. ☐ Coml. _____ Bairro: _____
CEP: _____ - _____ Cidade: _____ Estado: _____ Tel.: ( ) _____
Fax: ( ) _____ E-mail: _____ Data de nascimento: _____
Profissão: _____ Professor? ☐ Sim ☐ Não Disciplina: _____

Selo Negro Edições
Rua Itapicuru, 613 Conj. 72 05006-000 São Paulo - SP Brasil Tel.: (11) 3862-3530 Fax: (11) 3872-7476
Internet: http://www.selonegro.com.br e-mail: selonegro@selonegro.com.br